O GOLPE BATEU NA TRAVE

Leonardo Avritzer

O GOLPE BATEU NA TRAVE

Democracia, ordem e desordem no Brasil

autêntica

EDITORAS RESPONSÁVEIS
Rejane Dias
Cecília Martins

REVISÃO
Lívia Martins

CAPA
Diogo Droschi

DIAGRAMAÇÃO
Guilherme Fagundes

Dados Internacionais de Catalogação na Publicação (CIP)
Câmara Brasileira do Livro, SP, Brasil

Avritzer, Leonardo
O golpe bateu na trave : democracia, ordem e desordem no Brasil / Leonardo Avritzer. -- 1 ed. -- Belo Horizonte, MG : Autêntica Editora, 2025.

ISBN 978-65-5928-643-0

1. Autoritarismo - Brasil 2. Bolsonaro, Jair Messias, 1955- 3. Ciências políticas 4. Democracia - Brasil 5. Estados Unidos - Aspectos políticos 6. Golpes de Estado I. Título.

25-306216.0 CDD-320

Índices para catálogo sistemático:
1. Autoritarismo político : Ciência política 320

Eliete Marques da Silva - Bibliotecária - CRB-8/9380

GRUPO **AUTÊNTICA**

Belo Horizonte
Rua Carlos Turner, 420
Silveira . 31140-520
Belo Horizonte . MG
Tel.: (55 31) 3465 4500

São Paulo
Av. Paulista, 2.073 . Conjunto Nacional
Horsa I . Salas 404-406 . Bela Vista
01311-940 . São Paulo . SP
Tel.: (55 11) 3034 4468

www.grupoautentica.com.br
SAC: atendimentoleitor@grupoautentica.com.br

INTRODUÇÃO

O Brasil possui um complexo processo histórico de formação nacional que não foi capaz de gerar uma construção democrática estável e duradoura. Nos últimos cem anos, realizamos diversas tentativas de edificação da democracia com resultados contraditórios: entre 1930 e 1935, tivemos um breve suspiro democrático, seguido de uma ruptura que contou com forte apoio de parte significativa da intelectualidade daquele período.[1] Após oito anos de Estado Novo e impulsionada pelos ventos democráticos do pós-guerra, a democratização de 1945 despertou forte otimismo, mas não demorou muito para que o país voltasse a enfrentar soluços antidemocráticos. Por fim, tivemos a experiência autoritária inaugurada com o golpe de 1964, que, mais uma vez, contou com apoios importantes nos campos cultural e intelectual. Foi apenas na segunda metade dos anos 1970 que o espírito democrático voltou a tomar conta dos intelectuais, da sociedade civil e do país como um todo.

---

[1] Alguns intelectuais bastante influentes naquele período, como Azevedo Amaral e Oliveira Vianna, apoiaram Getúlio Vargas, e outros, como Sérgio Buarque de Holanda, tiveram dúvidas em relação à vocação democrática do país e expressaram essas dúvidas em escritos importantes, como na primeira edição de *Raízes do Brasil* (Feldman, 2015).

Tudo parecia indicar que o otimismo em relação à democracia restaurada entre 1985 e 1988 teria um fôlego muito mais profundo do que aquele vivenciado em 1945. E, nos primeiros 25 anos dessa nova vida democrática, tivemos fortes razões que ancoravam essa sensação. Mas a década passada, a segunda do novo século, deu-nos motivos para questionar se o país pode experimentar, como muitas outras nações do mundo, uma construção democrática sólida e constante. Os eventos que se seguiram a junho de 2013 ou às eleições de 2014 apontam para uma estrutura democrática pouco sólida, com diversos atores com arroubos autoritários ocupando lugares de destaque na cena política.

Jair Bolsonaro e o bolsonarismo, que não são a mesma coisa, foram capazes de mudar a trajetória de uma construção democrática exitosa, a mais bem-sucedida nesses quase cem anos que nos separam de 1930, quando os primeiros impulsos democráticos se expressaram na nossa esfera público-política. É verdade que o bolsonarismo não surgiu do nada, mas foi expressão dos insatisfeitos com a democracia, com a mobilidade social e com um projeto amplo de inclusão social. É inegável, porém, que o bolsonarismo seja a radicalização antidemocrática desse projeto, como foi possível perceber a partir de 2019. Os anos que se seguiram à eleição de Bolsonaro agravaram esse cenário até chegarmos a uma tentativa explícita de golpe. Uma minuciosa investigação da PF (Polícia Federal) e do MPF (Ministério Público Federal) desvelaria a tentativa de golpe ocorrida em 2022 protagonizada pelo próprio presidente da República, sem que, surpreendentemente, houvesse mudanças significativas no apoio a ele. Pesquisa Datafolha de dezembro de 2023, feita um ano após a derrota de Bolsonaro nas urnas, mostrou que os eleitores não haviam mudado de posição em relação ao voto destinado a ele nem em relação ao voto no presidente Lula (Nove em cada dez brasileiros..., 2023).

Complementando o quadro, pesquisa do Instituto da Democracia[2] mostrou em 2024 um aumento do número de brasileiros que apoiavam um golpe militar em determinadas situações. Assim, podemos afirmar com base nesses dados que a construção democrática no Brasil é contenciosa e que a democracia é um valor em disputa.

Este livro procura oferecer uma resposta teórica a essa questão e apresentar uma visão conceitual e sintética sobre os dilemas da democracia no país. É dividido em quatro capítulos: no primeiro, busco enfrentar a questão sobre por que a construção democrática no Brasil tem sido tão problemática ou contenciosa. Voltarei a momentos-chave do último século para responder a essa pergunta. No segundo capítulo, realizo uma análise midiática e linguística de Bolsonaro e do bolsonarismo, entre a reconstrução biográfica e a análise linguística midiática, para mostrar por que essa linguagem se tornou tão popular no país. No terceiro, explico o que é um golpe e por que Bolsonaro quase conseguiu impor mais um ao país. Por fim, o quarto capítulo aponta para uma questão que esteve presente nas discussões dos anos 1930 e que volta com força agora: os elementos internacionais que reforçam os setores antidemocráticos do país.

---

[2] Instituto da Democracia é um consórcio de pesquisadores do Instituto de Estudos Sociais e Políticos (da Universidade Estadual do Rio de Janeiro), da Universidade de Minas Gerais, da Universidade de Brasília e da Universidade Estadual de Campinas com o objetivo de pesquisar os hábitos democráticos da população brasileira.

CAPÍTULO 1

Democracia e autoritarismo no Brasil: entre a ordem e a desordem

A identidade nacional brasileira foi construída por meio de um processo complexo e multifacetado que não foi capaz de conciliar coesão social com institucionalidade democrática. No último século, realizamos diversas tentativas de construção democrática com resultados contraditórios: entre 1930 e 1935, entre 1945 e 1964, e de 1985 até hoje. Não há nenhuma dúvida de que esta tem sido não apenas a mais longeva experiência democrática como também a de melhor qualidade. Ainda assim, vivemos desde 2013 ou 2014 um período de instabilidade democrática com profundos ataques à democracia, que encontram apoio nas elites e na opinião pública. A reverberação de um discurso antidemocrático na opinião pública constitui motivo de preocupação e indignação para todos os democratas e demanda investigação política e sociológica sobre os motivos que fizeram e fazem a construção democrática brasileira ser tão instável. Neste capítulo, volto à indagação histórica sobre a relação entre os brasileiros e a democracia, que constitui parte da discussão dos principais intelectuais brasileiros desde os anos 1930. Lanço mão da noção de Sérgio Buarque de Holanda da construção da ordem a partir da desordem para tentar localizar esta discussão. Mostro que a articulação entre democracia, ordem e desordem está em disputa no Brasil desde o início do pós-guerra e que o bolsonarismo mudou alguns dos termos com os quais esse debate foi tratado entre 1930 e 2014.

A democracia e o pensamento brasileiro entre 1930 e 1980

No período que vai da Independência ao final do século 19, o Brasil não foi um país democrático nem tentou sê-lo. Aqueles anos foram marcados pela continuidade de uma série de elementos da sociedade colonial, entre os quais a escravidão e a presença da dinastia portuguesa, que passou a governar o país durante o Império (Costa, 1997). Foi nesse momento que o Brasil consolidou suas fronteiras e se afirmou como o maior país da América do Sul. O período também é marcado pela forte influência do iberismo e das formas de sociabilidade decorrentes da colonização portuguesa, que formou alguns elementos fundamentais da identidade e da coesão nacionais, como a ideia de um país miscigenado – embora essa miscigenação fosse vista ainda de maneira negativa, algo que exploro mais adiante neste capítulo – e de um povo que carrega certa leveza ou alegria em sua maneira de ser, ainda que essas características venham a ser intensamente questionadas no futuro, especialmente na polarização verificada no pós-2013.

É no período que se inicia com a Semana de Arte Moderna de 1922 e vai até o fim do regime militar, em 1985, que a vontade democratizante se manifesta na procura por valores e instituições que expressassem uma sociabilidade horizontal e viabilizassem a soberania popular. Em 1922, o Brasil já havia completado cem anos de independência, e algumas de suas características, como a dimensão territorial e a diversidade da população, já estavam consolidadas. No entanto, o aspecto fundamental da Semana de Arte Moderna é a reinterpretação da identidade brasileira, que passa a ser vista como menos vinculada à herança portuguesa ou ibérica. A partir desse evento, busca-se estabelecer um novo conjunto de referências que, embora internas, dialogam com uma gama muito mais ampla de países, ultrapassando os limites ibéricos.

A Semana de Arte Moderna não pode ser vista apenas como um evento literário ou poético, mas compreendida como um marco que transformou profundamente a interpretação do Brasil a partir dos anos 1930, quando varguismo e modernismo se associam (Candido, 2023). Nesse contexto, a primeira grande modificação trazida por esse movimento é a mudança de perspectiva: em vez de enxergar como deficiências um conjunto de especificidades do país – como a diversidade racial –, começa-se a reconhecê-las como possibilidades ou, até mesmo, como elemento de superioridade ou fonte de uma coesão social particular.

Essa superioridade será compreendida não no âmbito da cultura das elites, mas no da cultura popular. Como demonstrou muito bem Antonio Candido em sua análise de *Macunaíma*, livro de Mário de Andrade. Essa obra, fundamental para a compreensão do período, representou uma maneira de "compilar alegremente lendas populares, obscenidades, estereótipos desenvolvidos na sátira popular e atitudes em relação ao europeu. O livro revela que, para cada valor aceito pela tradição acadêmica oficial, existia um valor recalcado na tradição popular que precisava ser resgatado e reconhecido" (Candido, 2023, p. 145). Foi nesse contexto que uma nova concepção de coesão social emergiu e que o mulato e o negro foram definitivamente incorporados à tradição brasileira. O mais importante em relação a todos esses elementos da cultura é que eles deixam de ser tratados apenas do ponto de vista cultural e passam a ser abordados de forma mais ampla, especialmente sob uma perspectiva sociológica. Vale destacar obras como *Casa-grande*

& senzala e *Raízes do Brasil*, entre outras da tradição sociológica e política, que marcaram a interpretação do Brasil ao longo de todo o século 20. No entanto, essa mudança fundamental não foi capaz de se associar nem a uma institucionalidade democrática nem a um processo de inclusão social mais forte da população negra até a nossa democratização.

A concepção novecentista de Brasil começa a ser substituída, no início do século 20, por uma visão bastante crítica da formação brasileira do século 19, marcada pela continuidade do colonialismo e da relação com Portugal. Ninguém sintetizou esses elementos tão bem como Sérgio Buarque de Holanda no primeiro parágrafo da primeira edição de *Raízes do Brasil*, uma passagem que se inicia com as nossas características naturais e termina com a necessidade de construir um país de características diferentes nos trópicos. Para o autor:

> Todo estudo compreensivo da sociedade brasileira há de destacar o fato verdadeiramente fundamental de constituirmos o único esforço bem-sucedido, e em larga escala, de transplantação da cultura europeia para uma *zona de clima tropical e subtropical*... Trazendo de países distantes as nossas formas de vida, nossas instituições e nossa visão do mundo, e timbrando em manter tudo isso em um ambiente muitas vezes desfavorável e hostil, somos ainda uns desterrados em nossa terra. (Holanda, 2015, p. 35)

O autor nos ajuda a entender a transição para uma concepção de povo brasileiro mais sofisticada que surge a partir de 1922. Algumas características são clássicas daquilo que podemos caracterizar como povo brasileiro, tal como entendido desde o começo do século 20, envolvendo termos como *acomodado*, *alegre*, *criativo* e *otimista*. Em relação à alegria, ela aparece em *Macunaíma*, fortemente associada à miscigenação, ao sincretismo e a uma forma de reação à dominação.

O próprio Mario de Andrade realizou uma análise sobre a relação do herói com as características que apareceram nessa fase de formação da identidade nacional. "Macunaíma não tem costumes indígenas, mas costumes inventados por mim e outros que pertencem a várias classes de brasileiros", disse, em carta à Rosário Fusco, em 1928 (Olivieri-Godet, 2022). Assim, surge uma ideia de sincretismo e de alegria que vai marcar um período da formação da identidade brasileira, pensada a partir da chave resistência/alegria. Nas palavras de Santiago Ribeiro:

> A consciência popular brasileira se faz inviolável, insubordinável, não se deixando invadir e dominar, é graças a este escudo brincalhão do riso e da malícia. [...] Esta alegria imotivada é a vingança do povo, sua revanche, contra a envolvente trama intelectual que se lança sobre suas cabeças, atribuindo a ele a culpa de nossos crônicos males. [...] Confesso que, para mim, a qualidade maior de "Macunaíma" é dar expressão à alegria brasileira. (Ribeiro, 1974)

Sobressaem aqui algumas das dimensões fundamentais ressaltadas por Mário de Andrade e seus intérpretes, que apontam para o fato de a alegria do brasileiro ser também uma forma de resistência de uma população que, no processo de formação social do país, foi oprimida, mas não se deixou dominar completamente.

Uma questão adicional aparece principalmente no que Sérgio Buarque de Holanda definiu como uma discussão protodemocrática, ligada ao que o autor denominou da "produção da ordem a partir da desordem". Para Buarque de Holanda, a herança portuguesa envolvia elementos de desleixo ou de aversão a uma ordenação impessoal a partir de normas. Para ele, os elementos atrativos da sociabilidade brasileira, como a cordialidade, não eram suficientes para a produção da ordem política. O autor apostava, já em 1926, que cordialidade e civilidade eram insuficientes para superar a desordem. "Em 'Raízes do Brasil', Buarque de Holanda supõe que 'nossa desordem', seria capaz de levar a um 'tipo próprio de cultura' e de renovar os destinos nacionais. Seria preciso organizá-la sem destruí-la: 'ensaiar a organização de nossa desordem'" (Feldman, 2015, p. 1134).

Cabe destacar que esse momento de criação de uma identidade nacional passa por um diálogo com a análise de Brasilio Sallum Jr., que demonstrou convincentemente que a democracia nesse período constituiu, simultaneamente, uma aspiração social e uma realidade em gestação.

É como realidade em gestação que Buarque de Holanda afirma que "não é justo afiançar-se [...] nossa incompatibilidade absoluta com os ideais democráticos. Não seria mesmo difícil acentuarem-se zonas de confluência e de simpatia entre esses ideais e certos fenômenos decorrentes das condições de nossa formação nacional" (Holanda, 2015, p. 219). Essa sentença modificada junto de outras passagens para a edição de 1948 foi parte da onda otimista que varreu o país naquele momento. É possível afirmar que a posição de Buarque de Holanda foi entendida de forma mais otimista do que o seu conteúdo sugere. Afinal, o autor realizou apenas duas constatações na passagem acima: de que não existe uma incompatibilidade absoluta entre a formação brasileira e a democracia, um argumento que segue sua visão sobre a tensão entre iberismo e liberalismo, e de que há algumas compatibilidades, sendo a mais importante delas a aproximação entre a doutrina liberal e a presença do homem cordial na nossa formação.

A tese do autor de que existem poucos elementos liberais na formação brasileira é correta e merece elaboração, porque os elementos não liberais ou de um liberalismo extremamente parcial se manifestam, recorrentemente, nos nossos conflitos políticos. Essa tese pode ser decomposta em elementos valorativos e institucionais. Buarque de Holanda se preocupou mais fortemente com os elementos valorativos, em uma perspectiva que podemos chamar de weberiana. Ou seja, a questão que se coloca aqui é se quando os indivíduos reagem a uma situação de conflito, eles o fazem com valores que são democráticos. O autor nos dá duas dicas em relação a essa questão que nos ajudam a pensar a trajetória brasileira dos últimos cem anos.

A primeira delas, que está também em Mário de Andrade e em Antonio Candido, é que, em um processo de colonização hierárquico fundado em uma "instituição total" chamada escravidão, houve o desenvolvimento de uma cultura da resistência que se incorpora na sociabilidade como um valor positivo, capaz de ancorar comportamentos horizontais, aquilo que se denomina de "homem cordial". Evidentemente, e Buarque de Holanda sabia disso, o homem cordial enquanto forma da sociabilidade não é capaz de ancorar o conjunto dos fundamentos que uma ordem democrática requer. Ele apenas estabelece um ponto de contato.

A segunda questão, então, é qual a relação entre valores e instituições. Se podemos pensar a política como uma forma de dominação ordenada em um território, a questão da política democrática se coloca quando existem divergências e surgem formas não democráticas ou não pluralistas de tratar essas divergências. Foi exatamente isto o que ocorreu do ponto de vista institucional no período entre 1946 e 1964. Foram diversas as tentativas de golpe, a maior parte delas vindas de um campo udenista que se entendia como liberal, mas que não pensava o liberalismo como um campo de direitos ou de pluralismo valorativo, isto é, como a existência desejável de pluralismo religioso e de uma tradição plural de formas de vida (Dulci, 1986).

Essa etapa da formação nacional termina com o golpe militar de 1964, no qual se manifestam versões alternativas da ideia de ordem. Se tomamos a sério a discussão sobre a ideia de ordem e a possibilidade da produção da "ordem a partir da desordem", é importante perceber que esta constituiria, na melhor das hipóteses, uma das vias possíveis na direção do pluralismo valorativo. A outra via é autoritária de cima para baixo, envolvendo a negação do pluralismo e mobilizando macroinstituições não democráticas capazes de impor a ordem. O golpe de 1964 representou essa tentativa ao mesmo tempo que interrompeu um processo de organização da desordem, que incluía diversos atores e instituições, como a UNE (União Nacional dos Estudantes), um projeto de democratização universitária, diferentes projetos na arena cultural, além das "reformas de base". Todos esses projetos interrompidos em 1964 tinham como papel ampliar uma proposta política de inclusão na tentativa de criar uma nova ordem pluralista. A partir daí, rompe-se com um processo paulatino, mas também incompleto, de integração social no qual a integração racial, a distribuição de renda e as políticas sociais inclusivas são descontinuadas.

A partir do golpe de 1964, o país já não tem mais o horizonte esboçado por Buarque de Holanda e realiza uma tentativa de modernização autoritária que é incapaz de produzir seja a igualdade, seja a democracia. É feita uma forte tentativa de modernização por cima, com crescimento econômico acelerado, organização e autoritarismo político e social. É importante mencionar, para entender a operação das diferentes matrizes da sociabilidade, que o golpe de Estado de 1964 teve um significativo apoio social, expresso tanto pelas articulações das elites quanto pelas diferentes marchas organizadas por instituições, especialmente por um catolicismo conservador que estava em tensão com os governos Juscelino Kubitschek e João Goulart (Dreifuss, 1981). Demorou mais uma década para que setores importantes das elites, o empresariado paulista, a Igreja Católica e amplos setores das classes médias voltassem a professar um projeto democrático, confirmando a suposição da presença de projetos autoritários nas elites e nas massas capazes de influenciar o funcionamento das instituições. Ainda assim, é possível afirmar que a ideia de uma ordem autoritária e hierárquica proposta pelo regime autoritário não foi capaz de se consolidar nem valorativamente nem institucionalmente.

Democratização, conflito valorativo e a difícil construção democrática

A democratização brasileira consistiu em uma relação de sinergia entre valores, atores de movimentos sociais e construção institucional. A perda de legitimidade do regime autoritário instituído em 1964 se deu em diversos níveis: de um lado, o projeto de modernização acelerada sem a oferta de condições mínimas de vida para a população de baixa renda ajudou na formação de movimentos sociais que foram importantes para reverter um certo apoio que o projeto político do regime autoritário tinha nas periferias das grandes cidades. Regiões das periferias urbanas das grandes cidades do Sul e do Sudeste oferecem ressonância ao projeto democrático que era gestado naquele momento (Santos, 1993; Avritzer, 1996). A democratização também coincide com o lançamento do MNU (Movimento Negro Unificado) no Theatro Municipal de São Paulo, em 1978, que é praticamente simultâneo ao lançamento da carta[3] de Goffredo da Silva Telles na Faculdade de Direito da Universidade de São Paulo, em 1977. E, por fim, existe

[3] A carta pode ser acessada em: https://goffredotellesjr.com.br/carta-aos-brasileiros. Acesso em: 3 out. 2025.

um movimento político em um primeiro momento centrado no PMDB e, a partir dos anos 1980, no PT, que aponta na direção de uma forte renovação política. Evidentemente, essas dimensões estão conectadas, uma vez que a luta pelas liberdades democráticas no Brasil não poderia deixar de estar intimamente associada ao aumento dos direitos da população negra e de baixa renda. Esses são os fundamentos de uma concepção de renovação valorativa e institucional que explicaria o impulso democratizante dos anos 1970. A democratização representou uma segunda chance de pensar uma armação institucional que viabilizasse um processo de renovação social.

Em torno desse projeto, esboçou-se entre 1985 e 2010 uma conjuntura muito semelhante à de 1946 e 1964 no que diz respeito ao otimismo com que a democracia foi abraçada no momento da sua reinstituição. O fim do último regime autoritário abriu espaço para uma ampla coalizão democrática, tal como havia ocorrido no pós-guerra. Em torno dessa coalizão foi convocada uma Assembleia Nacional Constituinte, que avançou na formação de uma perspectiva democrática mais ampla. A Constituição trabalhou de forma genérica três grandes agendas que ajudariam a moldar uma nova perspectiva no momento da ampliação democrática que ocorreu entre 1988 e 2013. A primeira agenda é de diminuição da desigualdade social, que foi representada na época pelo termo "pagamento da dívida social"; a segunda foi a da integração racial, que começou com o reconhecimento das terras quilombolas e evoluiu para as ações afirmativas; e o terceiro elemento foi uma tentativa de aprofundamento da participação social na democracia.

A questão social aglutinou um enorme horizonte de otimismo, que se organizou em torno de uma nova abordagem das políticas sociais pela Constituição de 1988. Ela universalizou o acesso à saúde, criou as condições para o primeiro benefício universal para a população mais pobre, o BPC (Benefício de Prestação Continuada), que veio com a Lei Orgânica da Assistência Social, e abriu caminho para um conjunto de políticas sociais e urbanas no território. Ao mesmo tempo, os diferentes governos, em especial o de Lula, ampliaram fortemente o acesso ao Ensino Superior da população de baixa renda, além de aumentar sistematicamente o salário mínimo. Desse modo, estabeleceu-se, pelo menos até 2013, uma sensação de forte sucesso da experiência democrática posterior a 1988.

Uma das características mais positivas do período 1988-2014 foi a capacidade dos diferentes governos de solucionar ou reduzir, com os instrumentos da democracia, os principais problemas que surgiram, como foi o caso da inflação ou de questões estruturais da sociedade brasileira, como pobreza e desigualdade. Em ambos os casos, esses problemas não apenas foram solucionados a partir das eleições como, no caso do Plano Real, que coincidiu com as eleições de 1994, passaram a fazer parte da agenda eleitoral positiva, aceita por todos os principais partidos depois de 2002.

O mesmo ocorreu com as políticas de combate à pobreza introduzidas pelo governo Lula. Elas passaram a ser aceitas pelos partidos de oposição, em especial o PSDB, a partir de 2010. Assim, uma das características importantes do período 1998-2014 foi a capacidade de resolver entraves através das eleições, que se mostraram, nesse quesito, capazes de criar coalizões amplas para a solução de problemas políticos (Avritzer, 2019).

Essas políticas foram responsáveis pela queda da pobreza e da desigualdade. Entre 2003 e 2014, a pobreza no país despencou de 41,7% para 17,9%, representando uma queda de 24 pontos percentuais ao longo de 11 anos, segundo dados do Banco Mundial. Ou seja, a pobreza no Brasil foi reduzida a menos da metade. Em termos de classe, os números também são muito significativos. Cerca de 39,6 milhões de brasileiros ascenderam à classe C (que contava em 2012 com renda domiciliar per capita entre R$ 291 e R$ 1.019), que sofreu um *boom* e passou de 38% da população em 2003 para 55% em 2012.

No entanto, o nível de consenso valorativo e político em relação a todas essas ações foi amplamente exagerado pelos atores e pelos analistas políticos desse período. Apesar de ter existido uma ideia de "entulho autoritário" levantada por políticos naquele momento, a concepção majoritária que organizou o comportamento político foi a de que a implementação de novos padrões valorativos terminaria por gerar uma sociedade democrática e pluralista. O suposto aqui é que, uma vez que novos padrões de comportamento político (como reconhecimento de resultados eleitorais), de comportamento social (como o reconhecimento do sucesso de programas de inclusão social) e de integração social (por meio da ação afirmativa) se tornassem o padrão, o Brasil deixaria para trás concepções autoritárias. Assim, não pareceu muito relevante aos atores políticos, aqui incluídas as principais lideranças do PT e do PSDB, o fato de o Brasil não ter tido uma justiça de transição ou não ter punido graves violações de direitos humanos.

Também terminou não chamando muita atenção dos atores políticos a sobrevivência de fortes bolsões autoritários no Exército, nas diferentes forças policiais estaduais e em diferentes setores da sociedade. No Exército, não teve grande repercussão em 1987 (Reveja Jair Bolsonaro..., 2018) a entrevista de um jovem capitão que, inconformado com a democratização e os baixos salários das Forças, ameaçava um protesto com explosão de bombas. Coube ao então ministro do Exército, general Leônidas Pires, expulsá-lo e desafiá-lo a medir forças em termos militares. O destino dos membros das antigas forças de segurança responsáveis pela execução de atos ilegais também não foi tema de debates durante a democratização. Em *A república das milícias*, o jornalista Bruno Paes Manso menciona a aliança entre policiais que viriam a se tornar conhecidos como milicianos e membros evadidos das forças paralelas do regime ao final do governo de João Figueiredo (1979-1985), aliança que também envolveu o mais importante dos bicheiros cariocas, Castor de Andrade. Ali, teve início uma série de movimentos que permitiram não apenas a sobrevivência de "entulhos autoritários", mas a criação de estruturas antidemocráticas duradouras ainda no início da Nova República. O que essas estruturas careciam era de apoio político e legitimidade.

Depois de junho de 2013, coube à classe média das regiões Sul e Sudeste fornecer esse apoio. O Brasil teve ao longo do século 20 uma classe média atípica, forte consumidora de serviços relacionados ao trabalho e de serviços privados na área de saúde e educação. Por outro lado, a classe média tradicional, também chamada de média/alta, foi afetada pela instituição de políticas públicas que reduziram a desigualdade e levaram à mobilidade no mercado de trabalho. Mas a grande mudança que atingiu a classe média tradicional no Brasil foi uma adequação de *status*: uma certa ascensão de setores que eram considerados pobres para uma classe média baixa, provocando um reposicionamento da classe média tradicional, espantada com a entrada de novos integrantes. Reações contra a presença de setores populares em aeroportos e shopping centers se tornaram comuns na segunda década do século 21. O novo papel que a questão racial e a questão feminina adquiriram depois da democratização brasileira também gerou reações que foram processadas por um campo político de direita reorganizado. Uma mudança tão forte na estrutura social acabou tornando esses diferentes setores vulneráveis a tipos distintos de discursos antidemocráticos e gerando uma demanda para um discurso antimoderno e, frequentemente, antidemocrático. Junho de 2013 amalgamou esses dois grupos.

Junho de 2013 e os impasses da democracia pactada e pluralista

A democracia brasileira apresentou entre 1994 e 2010 características que podem ser consideradas fortemente positivas e que complementaram as formas de inclusão social descritas anteriormente. A consolidação de dois partidos com perspectivas ao mesmo tempo concorrentes e complementares, ambos comprometidos com processos de inclusão social e de distribuição de renda, ajudou a construir uma visão de pluralidade na política brasileira. Foram também, paulatinamente, fortalecendo-se instituições de *accountability* – em busca de transparência e responsabilidade governamental, como o Tribunal de Contas da União e o Ministério Público – e um sistema de divisão de poderes no qual o Judiciário passou a assumir maiores prerrogativas. Por fim, não podemos nos esquecer de que a democracia no Brasil adquiriu uma dimensão popular. Ao longo das cinco eleições diretas para presidente ocorridas entre 1994 e 2010, os setores mais pobres da população não só votaram em uma proposta com fortes elementos de distribuição social, como também foram capazes de usufruir dos resultados dessa política. Nesse sentido, tivemos o primeiro período na história do Brasil no qual a democracia se inseriu no imaginário popular e se tornou democracia de massas.

No entanto, os elementos subjacentes a uma forte crise de legitimidade também pareciam se manifestar pelo menos desde o final da década passada. Os principais fatores dessa crise seriam: 1) a desvalorização da ideia de coalizão por meio da oferta de cargos no Poder Executivo, que passa a ser atacada midiática e judicialmente; 2) a incidência cada vez maior de casos de corrupção revelados pela nova estrutura da Polícia Federal e da Procuradoria-Geral da República (Avritzer, 2012); 3) uma desvalorização da imagem do Congresso Nacional, cada vez mais conservador, que deixa de se preocupar com as agendas nacionais e assume uma lógica própria através do sistema de emendas. Todos esses fatores foram centrais para que as manifestações de junho de 2013 eclodissem para além dos elementos de *status* que mencionei.

Os eventos de 2013 tiveram três significados principais, dois deles seguramente questionadores do modelo de participação institucionalizada existente no Brasil. O primeiro elemento caracterizador dos protestos de junho foi o restabelecimento de uma dinâmica de separação entre mobilizações não institucionais e institucionais. Esse fator, que caracterizou o primeiro momento da mobilização social no Brasil e havia sido deixado de lado a partir de 2003, foi retomado com muita força em 2013 e, depois, em 2016 e 2018.

O segundo elemento foi uma ruptura do monopólio da esquerda em relação à participação. É possível afirmar que, desde o fim da interdição da participação imposta pelo autoritarismo durante a campanha das Diretas Já, em 1984, a mobilização popular no Brasil ficou restrita ao campo da esquerda e dos movimentos sociais. Foram esses grupos que se mobilizaram durante a campanha pelo *impeachment* de Collor. Foram esses grupos que se mobilizaram durante a campanha eleitoral do PT em 1989. Foram esses grupos também que constituíram a base da participação institucionalizada em experiências importantes de participação, tais como o orçamento participativo de Porto Alegre e de São Paulo. As primeiras fissuras no monopólio desse grupo sobre a participação social ocorreram durante o segundo mandato do presidente Lula (2007-2010), com protestos na área de meio ambiente. Essas fissuras se acentuaram no governo

Dilma, também na área de meio ambiente, e avançaram para outras, como política indígena e políticas urbanas.

O fim da interdição da participação gerou também um segundo fenômeno, que ficou bastante evidente em 2014: a volta dos setores conservadores às ruas pela primeira vez desde 1964. O fôlego dessas manifestações modificou a correlação de forças entre esquerda e direita no Brasil não só devido à capacidade de mobilização da direita na política brasileira, mas também em virtude da extensão dessa capacidade mobilizatória para as redes sociais. As manifestações de junho de 2013 emergiram na esteira da insatisfação de diferentes atores – ambientalistas, estudantes e defensores de direitos urbanos, entre outros – catalisados pela agenda do preço da passagem no transporte público. Nesse caso, está bastante clara a origem do movimento. Ele surgiu em um campo de esquerda semipetista ou pós-petista e migrou posteriormente para a direita ou até mesmo para direita antidemocrática, quando pensamos nas manifestações por intervenção militar em 2018.

Entre os temas mais abordados nas redes sociais em junho de 2013, quando ocorre a primeira grande manifestação na cidade de São Paulo, observa-se que o preço das passagens ocupa indiscutivelmente o centro, mas há temas secundários também importantes, como democracia, postura da polícia e governo Dilma. Minha interpretação sobre esse momento é o de insatisfação difusa com o governo federal, principalmente entre atores de movimentos sociais, em que se coloca também a questão da democracia. Marginalmente, há uma preocupação com temas como reforma política, qualidade da democracia e corrupção.

Quando analisamos a multiplicidade de assuntos nas redes socais no início de junho de 2013, percebemos um fenômeno que só se tornaria claro alguns anos depois: a enorme dissonância de pautas, que, naquele momento, ainda era capaz de unir diferentes setores da população.

Nos cinco anos entre junho 2013 e meados de 2018 temos uma completa inversão desse quadro, que começa com demandas relevantes por melhores políticas públicas e se potencializa em um conjunto de ações que dificilmente contribuíram para o fortalecimento da democracia. Nesse intervalo, tivemos o *impeachment* da presidente Dilma Rousseff, baseado em alegações extremamente frágeis (Avritzer, 2019); o afastamento do presidente da Câmara dos Deputados e sua posterior prisão; a tentativa de afastamento do presidente do Senado; e conflitos importantes entre o Judiciário e o Congresso durante a tentativa de reversão da Lei de Abuso de Autoridade, questionada no STF (Supremo Tribunal Federal). A todos esses elementos institucionais se soma um conjunto de fatores extrainstitucionais, como os fortes enfrentamentos nas redes sociais entre esquerda e direita e o novo nível de pressão de movimentos populares sobre o sistema político. Esse cenário aponta que a ciência política, ao tratar o período 1985-2015 como profundamente exitoso, baseou-se em dados parciais, que não permitem uma análise adequada da democracia brasileira e do seu estágio de consolidação.

Junho de 2013 supõe certa mudança na relação entre ordem e desordem na democracia brasileira. A ideia de uma integração nacional paulatina e relativamente ordeira, suposta por Buarque de Holanda no final dos anos 1940, foi rompida em 1964. E a noção de uma retomada através de um pacto constituinte inclusivo pareceu fazer sentido no início da democratização. No entanto, as três derrotas da direita brasileira, a da democratização em 1985, a da Constituinte em 1988 e a do *impeachment* do ex-presidente Fernando Collor, em 1992, não foram suficientes. Na verdade, as duas primeiras foram derrotas parciais, porque permitiram a sobrevivência de bolsões autoritários que se rearticularam rapidamente na medida em que um projeto de extrema direita manteve sua viabilidade. A reação por parte da antiga classe média, que, com o tempo, juntou-se a uma nova classe média para advogar uma concepção anti-Estado e, sobretudo, princípios morais conservadores (Nunes; Traumann, 2023), viabilizou um campo de direita que parecia ter sido derrotado – e que, como veremos no Capítulo 2, encontrou um líder capaz de explorar ao máximo essa situação. Junho de 2013 reacende as mobilizações conservadoras massivas, que pareciam superadas com a democratização, e a eleição de Jair Bolsonaro reintroduz os setores conservadores clássicos, principalmente os militares e os setores conservadores transformados em elite empresarial. Assim, o sucesso político de uma concepção ampla de integração social que parecia abarcar a maior parte da sociedade brasileira torna-se um campo polarizado novamente.

Não é possível entender o que tem ocorrido com a construção democrática brasileira de modo episódico, ou seja, adotando o discurso de que, apesar de todos os fatos aqui mencionados, as instituições estão fortes (Melo; Pereira, 2024). Pelo contrário, elementos centrais nessa construção, as estruturas do poder presidencial e de divisão de poderes, o papel das instituições de controle na democracia e a questão da tolerância na vida social parecem fortemente abalados em relação à trajetória anterior. Mas, o elemento mais afetado parece ser um projeto paulatino de inclusão social e pluralismo cultural ancorado na Constituição de 1988. Ainda que parte da promessa inclusiva da Carta Magna tenha se realizado entre 1994 e 2014, essa forma de implementação não foi capaz de evitar a cisão cultural e política que 2013 impôs à agenda política e que os eventos posteriores, como o *impeachment* de Dilma, a prisão de Lula e a eleição de Bolsonaro, precipitaram. Mostro, a seguir, como se deu a interrupção dessa agenda.

Da dissonância à polarização: analisando a coesão social no governo Bolsonaro

Jair Bolsonaro não era nenhum *outsider* quando lançou sua candidatura à Presidência em 2018. Ele, naquele momento, estava havia 28 anos no Congresso Nacional e, se era *outsider* em algo, era em seus comportamentos antissistêmicos. Bolsonaro chega à Presidência como o terceiro prócere que a direita brasileira colocou no cargo em sessenta anos, ao lado de Jânio Quadros e de Fernando Collor de Mello.

Jânio e Collor eram *outsiders* do sistema político, isto é, seus partidos não compunham uma base eleitoral conservadora com forte expressão no Congresso. O sucesso de suas eleições derivou de relações mais pontuais com parcelas expressivas do eleitorado, formadas em torno de questões como o combate à corrupção, com uma certa agenda liberal na economia. Bolsonaro parece ser a continuação dessa tendência, mas com novidades muito relevantes, que dão fôlego ao bolsonarismo. São elas: o desinteresse absoluto pela governabilidade, expresso na nomeação de cargos para seus ministérios e na forma como enfrentou a pandemia; a relação de oposição e cooptação com o sistema político, que fez com que a oposição a ele no Congresso não se manifestasse como forma de instabilidade política; e a ampla base ratificadora de suas posições nas redes sociais, que lhe permitiram relativizar a oposição midiática por ele enfrentada.

Bolsonaro chega à Presidência não como um líder político, mas como líder de um movimento capaz de destruir políticas e políticos. Esse foi o princípio orientador da construção do seu governo. O ex-capitão montou uma estrutura na qual pouquíssimos ministros tinham relações com partidos ou eram técnicos nas pastas que assumiriam, e avaliava como positivo o fato de não ter feito negociações com partidos para a organização do seu ministério.

O ex-capitão tinha uma concepção muito particular de ordem e de desordem, que ganhou forma durante o primeiro ano de seu governo devido à sua capacidade de destruir políticas. Ele rompe com uma ideia de ordem que a direita brasileira professava desde os anos 1930, na qual dialogava com agendas no campo progressista. Foi assim no Estado Novo, e até mesmo durante o período autoritário, em relação a políticas de educação e até meio ambiente (o Conselho Nacional do Meio Ambiente foi criado no governo Figueiredo, por exemplo). Bolsonaro implementa uma ideia de desordem nas áreas de políticas públicas sobre as que ele não tinha interesse ou às quais queria se opor. Foi em ministérios-chave, como os da Educação, do Meio Ambiente e dos Direitos Humanos, que a concepção de governo enquanto desordem melhor se expressou. Seus ministros foram nomeados devido à capacidade de tensionar com suas respectivas áreas de políticas públicas ou de desfazer políticas bem-estabelecidas ou, ainda, de tensionar com burocracias e membros de comunidades de políticas públicas. Áreas de políticas públicas consolidadas foram desestruturadas por ministros que estabeleceram fortes conflitos com profissionais, ONGs ou organizações internacionais, como as Nações Unidas. Entre os exemplos está o controle de queimadas na Amazônia – antes cuidadosa e diligentemente elaborado –, que foi simplesmente desmontado a partir de conflitos modulados pelo ministro do Meio Ambiente e o presidente da República, que questionavam dados de um sistema de monitoramento em tempo real e trocavam cientistas encarregados de administrá-lo. Esse é um exemplo da concepção de governo de Bolsonaro, que se expressa também em outras áreas.

Para o ministério da Educação, o presidente indicou um fundamentalista da guerra cultural. É interessante entender que não há elementos meritocráticos no processo de indicação tanto do ministro como da equipe de gestão da pós-graduação feita pela Capes (Coordenação de Aperfeiçoamento de Pessoal de Nível Superior). Não são políticas menores. Pelo contrário, ambas constituíam áreas nas quais o Brasil conseguiu oferecer respostas positivas às fortes deficiências que tinha. Mas a proposta de Bolsonaro era destruir essas áreas, e as crises produzidas por seus ministros foram ignoradas ou até comemoradas por ele. Havia, até o início de 2020, uma lógica nessa loucura. Era a seguinte: essas políticas não eram necessárias ao país ou não interessavam à base política do ex-capitão. Assim, a política de destruição da governabilidade no meio ambiente, como também os cortes de recursos para o Ensino Superior, atenderam a uma visão regressiva da política que, como sabemos, o bolsonarismo representa bem.

Podemos perceber dois mecanismos distintos se desenvolvendo ao longo do governo Bolsonaro. O primeiro consistia em uma lógica de rejeição à disputa pluralista em determinadas áreas de políticas públicas. Em vez de promover o debate ou buscar algum consenso nessas áreas, o governo optou por desorganizar os respectivos ministérios e diminuir sua efetividade. Essa é uma diferença fundamental entre o governo Bolsonaro e o segundo governo do americano Donald Trump, já que o presidente brasileiro procura enfraquecer diretamente essas estruturas desautorizando burocracias, enquanto Trump fecha agências ou o próprio departamento de Educação.

A segunda dimensão foi a da segurança, que antecipou, mais uma vez, elementos observados no governo Trump ao longo de 2025. Vale ressaltar que há uma mudança na própria concepção de ordem. Bolsonaro assume o governo com controle sobre áreas fundamentais do Exército nas quais ele tinha parcerias estruturantes com generais como Braga Netto e Augusto Heleno. Esse núcleo militar bolsonarista não possuía uma visão de controle civil sobre os militares. Tampouco diferenciava a capacidade de repressão do Exército com a ideia de uma guerra urbana, como ficou claro no Haiti e no Rio de Janeiro. Bolsonaro tenta estabelecer uma relação direta entre esses militares e os principais órgãos de segurança civil, especialmente a Abin (Agência Brasileira de Inteligência) e setores da Polícia Federal. Ainda que seu projeto de nomear aliados próximos à chefia da Polícia Federal não tenha avançado integralmente, uma vez que o ministro Alexandre de Moraes barrou a nomeação de Alexandre Ramagem para a Polícia Federal, como lembrou recentemente a revista *The Economist*, ele consegue, de fato, criar conexões com partes da Abin e da própria PF. Esses setores participariam mais tarde da tentativa de golpe e da espionagem de autoridades. Assim, Bolsonaro consolida um núcleo coercitivo de extrema direita dentro do Estado com o objetivo de realizar ataques à democracia a partir de uma suposta tensão entre ordem e democracia.

Apesar de ter sido derrotado eleitoralmente em 2022 e de sua condenação a 27 anos de prisão por tentativa de golpe, Bolsonaro conseguiu, durante o mandato, alcançar um de seus objetivos mais importantes: reforçar uma cultura de extrema direita que se expressa na sociedade e no Congresso e que tem tentado anistiá-lo através de projeto de lei específico na Câmara dos Deputados.

Pesquisas do Instituto da Democracia realizadas desde 2018 mostram um enorme fortalecimento no número de brasileiros que se declaram a favor de um golpe de Estado. Temos, assim, uma reversão de proporções históricas no projeto de criação de coesão social por meio de políticas públicas inclusivas.

O governo Lula 3 e a difícil reconstrução democrática

Lula assume em 2023 o governo de um país que precisa, pela terceira vez em oitenta anos, redefinir as relações entre diferentes grupos sociais e criar uma nova onda democrática depois de um período de forte regressão. A partir de 2023, ele busca restaurar ambos os processos por meio de duas estratégias distintas.

A primeira delas foi retomar o pacto democratizante com seus principais interlocutores do antigo PSDB. Foram esses os setores que, como mencionei anteriormente, buscaram implementar, de alguma forma, entre 1994 e 2002, os três grandes projetos embutidos no processo constituinte brasileiro: a redução da desigualdade; a ampliação de benefícios sociais, especialmente em áreas centrais das políticas públicas, como saúde, assistência social e educação; e a integração da população negra e das mulheres de forma mais estruturada no Estado e na sociedade brasileira, que foi parte também da agenda do governo de Fernando Henrique Cardoso (1995-2002). Nesse sentido, a coalizão costurada por Lula, que passou a incluir o ex-governador de São Paulo e ex-candidato à Presidência pelo PSDB Geraldo Alckmin, representou uma tentativa de retomar a ideia de uma aliança política capaz de refletir uma frente social mais ampla.

Em segundo lugar, o governo Lula 3 buscou reavivar as agendas geradas pela Constituição de 1988, implementadas de maneiras distintas tanto em seus governos anteriores quanto nos dois mandatos de Fernando Henrique Cardoso. A aposta era que seria possível retomar essas agendas em novo contexto histórico e, a partir delas, reconstruir a coesão social de forma semelhante ao que teria sido realizado no período anterior. Nesse sentido, o terceiro governo Lula tentou implementar, em primeiro lugar, uma retomada do Bolsa Família e de uma política de aumentos reais do salário mínimo. O Bolsa Família havia sido turbinado por motivos exclusivamente eleitorais pelo governo Bolsonaro, sem uma perspectiva sustentável de inclusão no orçamento da União. A tentativa de incluir um valor maior para o Bolsa Família ainda na PEC da Transição encontrou oposição do mercado financeiro desde o primeiro momento, mostrando que um projeto mais amplo de coesão social fundado na diminuição da desigualdade já não tem mais consenso social e político no Brasil.

Aqui, vale a pena fazer uma digressão sobre mercado, conservadorismo, ordem e democracia no Brasil depois de 2014. O novo conservadorismo brasileiro foi capaz de reunir setores que, a princípio, localizavam-se no campo conservador mas não caminhavam juntos politicamente. Entre eles, aquele que mais surpreendentemente se alinhou ao bolsonarismo foi o "mercado". É surpreendente porque, como afirma a boa teoria econômica, os agentes econômicos gostam de previsibilidade, e o mercado não teve essa estabilidade com o governo do ex-capitão. Também é surpreendente a aliança do mercado com o conservadorismo moral, uma vez que também neste campo é de se esperar que operadores e trabalhadores do sistema financeiro optassem pelo pluralismo moral. Mas, para a discussão que proponho neste capítulo, o importante é que a saída dos atores do mercado financeiro de uma coalizão mais inclusiva no final de 2022 aponta para dificuldades que Lula iria enfrentar para formar uma aliança includente.

O projeto de uma reconstrução da ordem democrática inspirado nos elementos consensuais da democratização enfrentou, simultaneamente, um bloqueio político e social. Embora a proposta de reconstrução democrática e de coesão social – expressa na candidatura de Lula em 2022 – tenha vencido a eleição presidencial, foi derrotada no campo legislativo, impondo um bloqueio político. O desaparecimento do PSDB como força política relevante entre 2018 e 2022 e a fragilidade partidária que o sucedeu impediram não apenas a conquista de uma maioria no Congresso, mas também a formação de uma bancada centrista capaz de sustentar o projeto de governo de forma estável. De outro lado, a polarização política não arrefeceu no terceiro governo Lula. Pelo contrário: apesar de algum apoio inicial da mídia e de setores relevantes da democratização brasileira, o que acabou prevalecendo foi a lógica da polarização inaugurada a partir de junho de 2013 e intensificada pelo processo de *impeachment* de Dilma.

Nesse cenário, tanto o campo midiático quanto os setores de centro-direita expressam a constatação de que a sociedade brasileira segue profundamente dividida – seja em relação aos grandes projetos econômicos e políticos, inclusive à própria democracia, seja em pautas morais e religiosas, que passaram a ocupar um lugar central na agenda política. Dessa forma, podemos afirmar que a derrota eleitoral do bolsonarismo não significou a derrota do seu projeto de divisão política, social e moral da sociedade brasileira.

Bolsonaro e Lula: a identidade nacional em disputa

A melhor maneira de terminar este capítulo é voltando a Sergio Buarque de Holanda e à afirmação que ele faz sobre democracia na reedição de 1948 de *Raízes do Brasil*, na qual partes substanciais do argumento são rescritas: não podemos afiançar a nossa incompatibilidade completa com a democracia. Feita há quase oitenta anos, essa afirmação marcou o período da primeira tentativa democrática, quando rapidamente o otimismo democrático foi substituído por viradas de mesa e tentativas de golpe. A declaração e o desafio colocados por

Buarque de Holanda persistem: de um lado, a experiência de aprofundamento democrático entre 1994 e 2010 reforça a perspectiva de que existe, sim, uma ancoragem para a cultura democrática no Brasil. Foi através da democracia que vivemos o momento de maior coesão social no país, ao final da primeira década deste século, no qual tivemos estabilidade econômica, crescimento econômico, inclusão social e diminuição da desigualdade. Não por acaso, 2010 também foi o ano de maior confiança dos brasileiros na democracia (Lapop, 2010).

No período entre o que afirmou Sérgio Buarque de Holanda e hoje, tivemos uma mudança significativa na forma como os brasileiros enxergam um conjunto de políticas capazes de gerar inclusão: a questão da desigualdade, que começou a se colocar com força já no pós-guerra; a questão da raça ou do tratamento dirigido a pessoas negras, que apareceu no pós-guerra em movimentos como o Teatro Experimental do Negro e com agendas como as de Abdias do Nascimento e Guerreiro Ramos, mas só se desdobrou em políticas públicas com a democratização (Ramos, 2023). Por fim, tivemos na democratização um conjunto de agendas relevantes sobre igualdade de gênero, mas que evoluíram pouco se pensarmos em paridade de gênero (Biroli, 2017). O que temos como resultado de todas essas agendas é mais uma expansão dos domínios da polarização política do que uma trajetória de inclusão capaz de criar aquilo que Buarque Holanda chamou de uma nova perspectiva de ordem. De um lado, a existência do racismo é um fato reconhecido pelos brasileiros nas pesquisas de opinião, o que, evidentemente, ajuda na abordagem de uma questão que permaneceu escondida por debaixo do tapete por séculos. As instituições de ensino, essenciais para a formação de uma perspectiva de futuro, já expressam a percepção de equidade entre brancos e negros, que é importante para a formação de uma futura identidade da população brasileira. No entanto, essa nova forma de reconhecimento ainda não penetra de modo consistente na sociabilidade. Apenas em instituições culturais, universidades, na ciência e na esfera pública começamos a perceber um tratamento mais igualitário e maior valorização da população negra.

Por outro lado, estamos experimentando um momento de reação das forças conservadoras e da extrema direita em relação a todos esses novos elementos democráticos e de inclusão social que foram criados no Brasil ao longo das últimas décadas. O papel da educação como política de integração social foi questionado pelo bolsonarismo, assim como as políticas de redução da desigualdade, que são, hoje, contestadas tanto pelo mercado quanto pela extrema direita no parlamento. Nesse sentido, vivemos um impasse na própria concepção de integração social e democratização. Esse impasse está ligado à utilização das políticas públicas de inclusão para estimular um cenário de polarização. Para um país cuja construção nacional resiste à inclusão social, racial e de gênero, o desafio da inclusão pela direita corrói os poucos elementos de coesão construídos no pós-democratização e os torna parte do processo de polarização política.

Nesse sentido, podemos afirmar que o Brasil ainda não adquiriu uma concepção de sociabilidade inclusiva fundamental para a formação de uma prática democrática mais forte. Ao mesmo tempo, os brasileiros passaram a ver negativamente elementos da nossa sociabilidade, que são diferentes da cultura europeia e norte-americana, muito valorizados pelos nossos intelectuais nos anos 1930. Assim, a possibilidade de caracterização do povo brasileiro como alegre e a ideia de bagunça positiva parecem estar sendo substituídos por uma visão mais clássica de oposição indesejável entre ordem e bagunça, em que a velha ideia de ordem excludente parece voltar à tona. O Brasil não aparenta ser um país com uma identidade unificada nem na perspectiva da cidadania e nem na do indivíduo consumidor.

As grandes exclusões do processo de colonização e modernização continuam afetando a formação de uma identidade nacional positiva fundada em uma igualdade capaz de se constituir no amálgama da coesão social. Não foi possível organizar a desordem da maneira como Sérgio Buarque de Holanda e Mário de Andrade acharam ser possível. A novidade desse período, tal como mostro no próximo capítulo, é que surgem discursos concorrentes sobre a identidade nacional e sua relação com o sistema político. Bolsonaro e Lula são parte desse processo de polarização que permite construir ambas as identidades. Assim, os fortes marcadores de desigualdade – que, apesar de fortemente questionados, impedem a construção de uma sociedade mais equilibrada, na qual os cidadãos possam se identificar e conviver com aqueles que são diferentes deles – permitem a construção de discursos políticos polarizados, que apelam para diferentes aspectos das crenças e da identidade dos atores sociais.

CAPÍTULO 2

Jair Bolsonaro e o Brasil

Nos últimos dez anos, o Brasil transitou entre democracia e arroubos autoritários. Em 2018, elegemos um presidente que reivindicou a herança da última ditadura militar pondo fim ao maior período de consenso democrático desde que a democracia foi restaurada no país, em 1985. Tal fato não significa que não avançamos muito nos últimos quarenta anos. Os golpes de Estado e os consensos autoritários foram comuns no pós-guerra, e 1964 foi uma tentativa de mudança de rumo radical em relação a uma tradição democrática fraca. Nesta crise, a democracia encontrou mais e melhores defensores do que naquele período.

A democratização brasileira uniu os diferentes grupos e atores políticos em uma tradição semelhante àquela que se instaurou em 1945. Mas existem algumas diferenças importantes: a Constituição de 1988 foi muito mais democrática do que a de 1946 e abriu espaço para muitos mecanismos de participação; a Constituição também foi muito mais abrangente na atribuição de direitos. Talvez os principais avanços tenham sido na formação de uma cultura democrática entre as elites e parte das massas populares. O reconhecimento de resultados eleitorais pelos derrotados a partir da eleição de 1989 foi fundamental para criar essa cultura de oposição leal que não existiu no período anterior. A possibilidade de convergência entre políticas públicas introduzidas por diferentes partidos também foi importante. Mas todas essas mudanças fundamentais na criação de uma cultura democrática que salvou a democracia brasileira não podem nos iludir sobre os fortes bolsões autoritários que não foram desfeitos entre 1988 e 2014.

Jair Bolsonaro é o filho desses bolsões autoritários da democratização. Inconformado com o fim do regime militar, ainda em 1985, um grupo de ex-militares ligados ao aparato de repressão criou e registrou uma organização no Rio de Janeiro chamada Associação Brasileira de Defesa da Democracia. Em seu estatuto, ela reivindicava "a defesa dos verdadeiros fundamentos de um regime democrático e a defesa dos valores morais e espirituais da nação brasileira" (Assis, 2020; Dreifuss, 1989). Dezessete coronéis estavam entre os fundadores da associação, oito dos quais pertenceram em algum momento às agências de inteligência. Em 1987, dois capitães do Exército planejaram uma série de explosões em uma operação que eles chamaram de "Beco sem saída". Bolsonaro, um dos capitães, foi expulso do Exército depois que a operação foi revelada. Mas essa primeira fase de Bolsonaro, caracterizada por ações de caserna, foi abandonada no momento em que ele se tornou deputado. Ali, ele realizou algumas mudanças fundamentais ao assumir o lado reivindicante e assistencialista dos membros das corporações militares e do Exército. Uma análise das emendas orçamentárias apresentadas pelo então deputado Jair Bolsonaro mostra sua preocupação com hospitais militares e com a defesa de reivindicações corporativistas das Forças.

O momento que marca a ascensão do capitão reformado é quando ele consegue associar três elementos no seu discurso político: combate à corrupção enquanto luta contra as elites; representação dos não representados; e oposição à pauta inclusiva da Nova República nos campos social, de raça e de gênero. Ao realizar essa mudança, Bolsonaro torna-se capaz de disputar com o campo democrático e com a esquerda duas concepções, a de organização da bagunça e a de revanche em relação às elites. Neste capítulo, mostro a concepção de representação articulada por Bolsonaro e como essa concepção permitiu uma cisão em um processo de construção democrática cujos pilares remontam ao fim do século passado.

Jair Bolsonaro e a apropriação do espírito antielites no momento da crise democrática

Os 31 anos que separam a democratização do fatídico voto do então deputado Jair Bolsonaro durante o *impeachment* da presidente Dilma Rousseff, em 17 de abril de 2016, envolveram diversas maneiras de fazer política. Até o início da crise que tiraria Dilma do poder, Bolsonaro era o representante de um grupo militar recalcado que mantinha influência nas Forças Armadas e carecia de relevância e capacidade de penetração social – que ele conquistou mais tarde devido a alguns elementos de ardilosidade e outros de fortuna. A fortuna bolsonarista está ligada ao fato de o capitão e seu gabinete não estarem ligados à Odebrecht e aos escândalos revelados pela Operação Lava Jato. Não havia qualquer mérito nessa ausência. O que havia era um esquema de rachadinhas, revelado pelo Ministério Público do Rio de Janeiro algumas semanas depois do segundo turno das eleições presidenciais de 2018. Quis a fortuna que Bolsonaro fosse visto como não envolvido em atos de corrupção, o que, por outro lado, a Lava Jato conseguiu identificar no PT e no PMDB. Isso permitiu ao capitão associar antipetismo e luta contra a corrupção.

Há uma segunda dimensão associada a essa relação, que é a concepção de luta antielites pelo capitão. Em uma entrevista concedida ao programa *Câmera Aberta*, da TV Bandeirantes, ainda durante o governo Fernando Henrique

Cardoso, o então deputado associou, de forma bastante contundente, sua concepção antidemocrática com a luta contra a corrupção. Naquele momento, havia uma discussão sobre os interesses subjacentes às decisões sobre a desvalorização do real pelo então presidente do Banco Central, Chico Lopes, e Bolsonaro afirmou: "Dar porrada no Chico Lopes. Eu sou favorável à CPI, no caso do Chico Lopes, que tivesse pau de arara lá, ele merecia isso, pau de arara funciona. Eu sou favorável à tortura, tu sabes disso" (Manso, 2020, p. 269). Assim, com o tempo, Bolsonaro modifica elementos centrais do discurso em relação à corrupção e à violência, ressaltando um elemento ainda presente na cultura popular: o de que a violência é necessária no combate ao crime e, em especial, contra a corrupção. Esse elemento o levará ao encontro da Operação Lava Jato e do seu líder principal, o juiz Sergio Moro, que, certamente, não apoiava a tortura, mas defendia ultrapassar sempre que possível os limites do Estado de Direito.

Mas o elemento que mais aproximará o bolsonarismo da cultura popular é o de autenticidade *versus* encobrimento. Bolsonaro termina a entrevista ao programa *Câmera Aberta* com a seguinte frase: "Vocês podem não gostar de mim, mas eu sou uma pessoa sincera". Faz parte da tradição modernista de crítica às elites a ideia de hipocrisia ou de uma ambiguidade entre o que não se mostra em público e o que se mostra no privado. Essa ambiguidade foi muito bem explorada pelo capitão quando ele passou a se considerar uma liderança nacional. Assim, Bolsonaro começou a utilizar um discurso em que o problema não estava em como ele era ou falava ou no modo intenso com que fazia uso de palavrões, mas que isso era justamente reflexo do fato de que ele era sincero. Em entrevista ao jornalista Augusto Nunes na Rádio Jovem Pan, em 9 de fevereiro de 2022, Bolsonaro se explicou da seguinte maneira: "É verdade. O povo brasileiro honesto fala palavrão, mas não rouba".

Assim, a estratégia de Bolsonaro foi tentar se apropriar de uma dimensão que aparece na própria narrativa modernista, a do brasileiro simples que fala palavrão, bebe café no copo e come frango com a mão – todos esses elementos, que estão nas duas imagens a seguir, servem para reforçar uma ética da autenticidade que se contrastaria com a falta de ética das elites.

A Fig. 1 nos permite entender melhor a construção simbólica da imagem da autenticidade de um homem simples. Ela foi tirada algumas semanas antes da posse de Bolsonaro, quando o então presidente eleito recebeu em sua casa o assessor de segurança nacional de Donald Trump, John Bolton. O cenário foi cuidadosamente criado para oferecer a imagem de um homem comum em sua casa. Ele está tomando café em um copo como o brasileiro comum, come uma comida típica brasileira (broa de milho) e tem uma rede para dormir, como muitos brasileiros fazem. A imagem transmite a mensagem de que o poder não mudou a autocompreensão do presidente sobre ser um brasileiro comum.

Figura 1 – O então presidente eleito Jair Bolsonaro recebe John Bolton

Fonte: vídeo da agência DW Brasil publicado em 30 de novembro de 2018 em seu canal no YouTube. Disponível em: https://www.youtube.com/shorts/HRXH5XrhlJQ. Acesso em: 4 out. 2025.

Uma outra cena completa o quadro. É a de Bolsonaro comendo frango com farofa e se sujando (Fig. 2). A imagem cumpre exatamente a mesma função, a de mostrar que não existe dentro e fora, oculto e não oculto no comportamento do capitão. O mesmo ocorre quando ele fala em "comer índio com banana" na Amazônia, ou persegue uma ema com um frasco de cloroquina no Palácio da Alvorada. Em todos esses casos, o que Bolsonaro faz é tentar reinterpretar os elementos populares de crítica das elites que estão na tradição brasileira e que tinham sido exclusivamente parte de uma tradição progressista. Ele os reapropria dentro de uma tentativa de reconstrução de uma visão conservadora de representação.

Figura 2 – Bolsonaro se deixa filmar comendo frango com as mãos e rodeado de sujeira

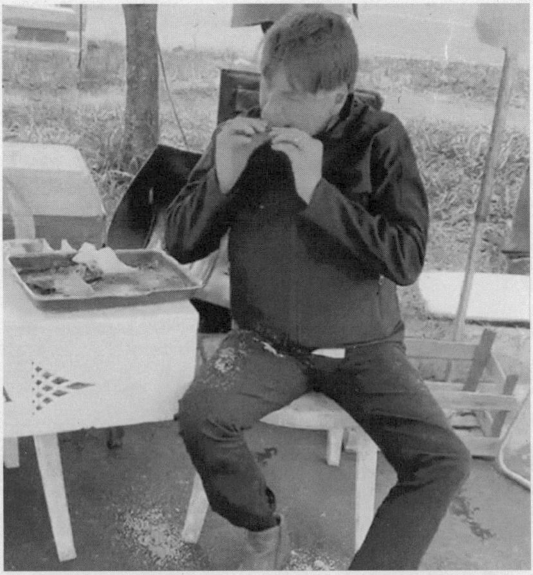

Fonte: vídeo do veículo Poder360 publicado em 30 de janeiro de 2022 em seu canal no YouTube. Disponível em: https://www.youtube.com/watch?v=wCDedE4G8VQ. Acesso em: 4 out. 2025.

A ideia de representação pode ter diversos significados, tal como observou há décadas Hanna Pitkin. Ela pode ser uma forma de delegação, assim como pode ser a projeção de certa imagem. Bolsonaro estabeleceu com uma larga parcela da população brasileira uma forma de representação por identidade (Pitkin, 1967, p. 78), por meio da qual ele mostra, nas formas de comportamento externo, professar as mesmas características desse grupo. Assim, em vez de a identidade envolver um mandato para realizar certo programa ou certa ação, a representação é uma identidade em relação ao que Bolsonaro é, o que envolve falar palavrão, ser machista ou não ter qualquer empatia com as pessoas. Em todos os casos, o bolsonarismo expressa essa relação. Até mesmo quando Bolsonaro pediu ajuda para pagar diversas multas em delitos que cometeu, ele conseguiu que 769 mil pessoas realizassem transferências financeiras para ele. Assim, se a representação é uma relação, Bolsonaro estabeleceu uma relação com um amplo grupo de brasileiros, que se identificam com ele mesmo em situações de transgressão.

O bolsonarismo e sua concepção de desordem conservadora

Bolsonaro conseguiu aliar direita, conservadorismo e desordem. Ele fez uma transição entre ser de direita e ser conservador no mesmo momento em que movimentos conservadores passaram a dominar a sociabilidade e a política. Aqui, defino o conservadorismo como contendo três elementos. Em primeiro lugar, a tendência a preservar valores e modos de vida existentes, surgida já em oposição à Revolução Francesa, e a ideia de que as comunidades locais e seus valores têm que ser preservados – elementos constitutivos do conservadorismo desde Edmund Burke. Em segundo lugar, a ideia de novos valores morais – que, no Brasil, inclui tanto a noção de direitos humanos quanto um conjunto de outras pautas de direitos, como a igualdade de gênero ou direitos da população LGBTQIAPN+ – é questionada sob o ponto de vista das concepções morais dos indivíduos (Kekes, 1998); a ideia aqui é que esses elementos vêm de concepções políticas coletivas e desafiam a crença dos indivíduos. Em terceiro lugar, a defesa da religião em relação ao processo de secularização. Evidentemente, a noção iluminista de que o progresso econômico e/ou político aponta na direção da secularização já foi questionada por Max Weber no início do século 20. Mas nós temos características específicas do neopentecostalismo, como a ideia de demonização, que tornaram essa disputa mais acirrada. O conservadorismo brasileiro se associou fortemente a esses elementos da nova tradição religiosa popular.

Houve um momento no qual as periferias das grandes cidades brasileiras foram hegemonizadas por movimentos sociais e em que o discurso de direitos passou a ser a matriz discursiva mais influente entre esses setores (Sader, 1999; Avritzer, 1996). Mas o interessante é que essa matriz, componente fundamental da democratização brasileira, esgotou-se e substituída por outra, que possui dois elementos principais: segurança pública, mesmo que violando direitos, e uma rejeição à ciência e até mesmo à educação formal a favor de uma doutrina religiosa ou do anti-intelectualismo. Essa transição se deu de modo ainda mais acentuado em pequenas cidades do Brasil. Ali, um discurso a favor de direitos, que nem chegou a ser muito forte, acabou sendo substituído por uma concepção moral conservadora, que deve ser entendida como uma reação, seja ao catolicismo progressista seja à pauta de direitos trazida pelos movimentos sociais.

Duas arenas de debate foram se desenvolvendo no Brasil entre 2014 e 2020 e se tornaram centrais no discurso conservador: primeiro, a discussão sobre educação e algumas de suas ramificações principais, entre elas, a suposta oposição escolas públicas civis/escolas militares e a questão do gênero nas escolas. A segunda esteve relacionada à discussão sobre gênero e foi introduzida em 2013 pelo deputado Pastor Eurico. Segundo ele, o objetivo das legislações que estavam no Congresso Nacional era "destruir o conceito tradicional da família como a união de um homem e uma mulher vivendo o compromisso de criar e educar filhos" (*apud* Lacerda, 2018, p. 81). Bolsonaro enxergou o potencial dessa discussão e abordou o tema pela primeira vez em 15 de agosto de 2013, ao afirmar que o objetivo do Plano Nacional de Cidadania seria "desgraçar o tecido social e esculhambar com os valores familiares" (Lacerda, 2018, p. 83). Mais uma vez, essa foi uma discussão que, apesar de nacional, reforçou o bolsonarismo no nível local e permitiu a mobilização por pastores neopentecostais de agendas conservadoras, além de impulsionar o candidato Jair Bolsonaro em diversas comunidades locais durante a eleição de 2018.

Assim, passamos a ter uma concepção conservadora localista, que se consolidou na votação presidencial de 2018 e depois na pandemia de covid-19. Essa concepção localista, que remete a alguns elementos de um certo naturalismo comunitário, está ligada à percepção de que governos centrais adotam pautas seculares e científicas ou tentam impor pautas morais do centro para a periferia. Foi esse o sentido da discussão inicial sobre gênero nas escolas no Congresso Nacional em 2013 e 2014.

Também foi essa a discussão inicial contra a ciência que iria pautar fortemente a reação contra a pandemia de covid-19 em 2020 e 2021, terminado no movimento capitaneado pelo então presidente, que se opunha à vacinação contra o vírus. A campanha contra a ciência é parte do conservadorismo desde o século 19, quando surgiu nos Estados Unidos o movimento conhecido como Ciência Cristã. Ainda no começo do século 20, no estado de Massachusetts (EUA), foi tentado, com base na própria tradição de direitos através da chamada "14ª Emenda", promulgada depois da guerra civil, romper com a ideia da obrigatoriedade da vacinação, caso conhecido como Jacobson *versus* Massachusetts.[4] A Suprema Corte dos Estados Unidos negou pedidos para atenuação ou abertura de exceções em relação a processos obrigatórios de vacinação. Assim, é possível afirmar que, seja nos Estados Unidos, seja na Europa, existe desde o início do século 20 uma tradição de oposição à ciência baseada na ideia de autonomia do indivíduo em relação ao próprio corpo. Essa tradição voltou a ser forte no final do século passado e se tornou muito forte durante a pandemia. Ela chega ao Brasil com o bolsonarismo, que amplia seu movimento antielites incluindo nele ciência e universidades.

Para exemplificar essa adesão radical do interior do país ao bolsonarismo, apresento um dado para além desta discussão, mas que não o torna menos verdadeiro: os locais em que Bolsonaro teve mais votos registraram, proporcionalmente, mais casos de covid-19 (Graf. 1).

---

[4] Disponível em: https://supreme.justia.com/cases/federal/us/197/11/. Acesso em: 4 out. 2025.

Gráfico 1 – Perfil da contaminação por coronavírus de acordo com a taxa de votos recebida os por Bolsonaro

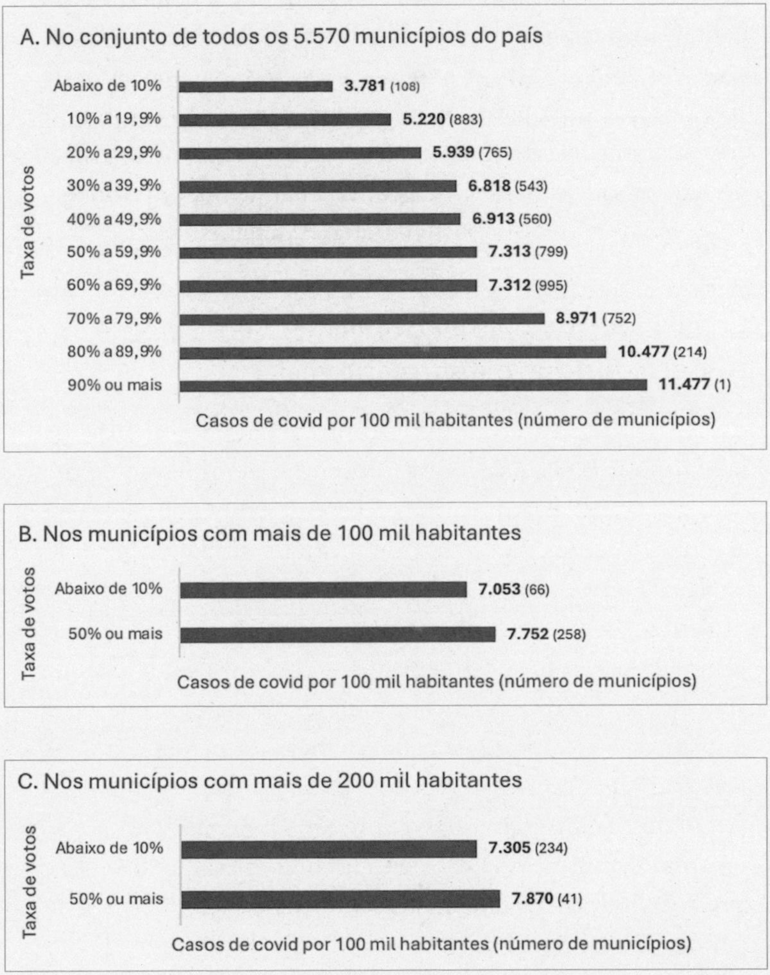

Fonte: dados do jornal *Valor Econômico* de 24 de maio de 2021, com base no Painel Coronavírus.

Assim, bolsonarismo e conservadorismo não são a mesma coisa, mas se juntaram em algum momento da segunda década do século 21. Bolsonaro vinha de uma concepção de direita clássica com forte tonalidade militar que, aliás, diferentemente de outros líderes de direita, ele jamais deixou de lado. O que o ex-capitão fez foi associar o militarismo a uma pauta de valores morais conservadores que emergia no Brasil com a ascensão das religiões neopentecostais. E o que liga toda essa trama é uma pauta localista que associa valores morais com reação conservadora no nível local – pauta forte desde a década passada e que se intensifica na pandemia de covid-19. Esses são os atores que sustentarão o 8 de Janeiro.

O 8 de Janeiro: bolsonarismo, conservadorismo e insurreição social

O 8 de Janeiro constituiu a ruptura mais radical ocorrida nos últimos cem anos com a concepção de ordem e de desordem surgida nos anos 1930. O evento conseguiu dissociar alguns elementos da cultura pública que vinham operando havia um século, como a ideia de que a desordem deveria ser organizada por uma política popular de inclusão; também rompeu com o próprio conceito de ordem das elites, que vem desde a Independência e que tem uma concepção de implantação da ordem por cima, em negociações das elites. Se pensarmos nas principais rebeliões brasileiras desde o início da República, como Canudos, vemos que se caracterizam por se insurgirem contra as elites, configurando movimentos locais alternativos que trabalham elementos de exclusão da cultura popular. Todos esses movimentos estão ligados à frase de Darcy Ribeiro em texto para a edição crítica de *Macunaíma*:

> A consciência popular brasileira se faz inviolável, insubordinável, não se deixando invadir e dominar, é graças a este escudo brincalhão do riso e da malícia. [...] Esta alegria imotivada é a vingança do povo, sua revanche,

contra a envolvente trama intelectual que se lança sobre suas cabeças, atribuindo a ele a culpa de nossos crônicos males. (Ribeiro, 1997, p. XIX)

Essa passagem com fortíssimo conteúdo sociológico expressa quase um programa político que existiu no Brasil entre 1930 e 2013. Esse programa tem como componentes a valorização da insubmissão do povo brasileiro às elites e a associação entre uma política de inclusão, que viria por meio de políticas de esquerda, e uma ideia que se tornou o mote para a chave interpretativa: "organização da bagunça".

Ao mesmo tempo, em contraste político com uma certa ideia de insurrecionismo popular e de valorização da insubmissão, configurava-se uma ordem local conservadora. Essa ordem, que no período colonial esteve fundada no catolicismo, em um momento posterior passou a se vincular a uma ideia de ordem local e rural, com o conservadorismo se consolidando a partir das fazendas e do papel delas na articulação da ordem entre o privado e o público (Franco, 1969). Assim, a política conservadora teria uma ancoragem local muito bem representada no voto conservador no interior do Brasil entre 1946 e 1964, ou no forte apoio que a Arena recebeu nesses mesmos locais durante as eleições promovidas pelo regime autoritário. Por fim, até mesmo no início do período democrático houve certa estabilização da política a partir do conservadorismo local, que ancorava partidos como o PFL. O elemento mais importante dessa configuração é a associação entre conservadorismo, poder local e ordem política.

O bolsonarismo mudou essa relação desde sua chegada ao poder em 2018, com Bolsonaro tendo uma expressiva votação no interior de algumas regiões, como o Sul e o Sudeste. Em um primeiro momento, porém, seria possível argumentar que esse foi um movimento conservador mais clássico, em que a noção de uma rebelião antielites não estava muito forte, pelo menos no sentido insurrecional. É verdade que a crítica às elites estava presente no discurso bolsonarista até mesmo antes de junho de 2013, mas também é verdade que ele não conseguia dar amplitude a isso. A Operação Lava Jato, que poupou Bolsonaro, parece ser um momento de ampliação desse discurso antielites no Brasil, ainda que, mais uma vez, sem um protagonismo claro de Bolsonaro. No entanto, a partir de seu governo, especialmente durante a pandemia e por pior que tenham sido suas consequências, o ex-capitão parece ter invertido esse padrão quase estrutural da sociedade brasileira, em que o impulso antielites da cultura popular era apropriado por setores progressistas. A partir da pandemia, momento em que as teorias conspiratórias alcançam uma forte influência no Brasil (Avritzer; Rennó, 2021), Bolsonaro parece conseguir amalgamar as duas dimensões: conservadorismo e discurso antielites. Mas elas vêm acompanhadas de uma terceira: a ideia de uma revolta ou de uma insurreição de baixo para cima.

O 8 de Janeiro constitui uma mudança de curso na concepção de ordem no Brasil, mudança cujo impacto ainda não assimilamos completamente. Grande parte dos que participaram veio do interior do Brasil e foi financiada por pequenos empresários também do interior. O mote do 8 de Janeiro foi o de uma insurreição de baixo para cima feita por atores locais contra todas as instituições políticas. Ainda que tenha havido uma ingenuidade ao relacionar as construções de concreto que abrigam essas instituições e sua existência espiritual e política, o que importa é que aquelas pessoas julgavam que estavam destruindo as instituições políticas brasileiras ao invadi-las, quebrar seus móveis e vandalizar suas obras, entre elas as de alguns dos principais artistas modernistas brasileiros.

Parece importante a maneira como aquelas pessoas enxergavam sua relação com as regras do jogo político e com as instituições coercitivas do Estado, que em um primeiro momento colaboraram ou até se confraternizaram com os vândalos golpistas. Também é relevante ressaltar que aquelas pessoas receberam apoios significativos no nível local quando foram soltas, algumas exibindo orgulhosamente as tornozeleiras eletrônicas. São fatos que parecem apontar na direção de uma cisão importante no próprio conceito de ordem vigente na sociedade brasileira, em especial no nível local.

O julgamento de Bolsonaro ou o STF entre a ordem e a desordem

O julgamento de Jair Bolsonaro, iniciado no dia 2 de setembro de 2025, marca um certo clímax no enfrentamento entre o ex-presidente e a questão da ordem. Clímax que pode ser visto sob duas óticas: a da relação mais geral entre o Poder Judiciário e a população de baixa renda e a da relação entre o Poder Judiciário e a democracia. O Judiciário brasileiro desempenhou um papel central na concepção oligárquica de ordem pensada de cima para baixo e entendida pela população de baixa renda como uma forma de dominação. A passagem de Darcy Ribeiro, citada anteriormente, expressa a insubordinação popular que existiu no Brasil ao longo do século 20 e que estabeleceu uma tensão entre Poder Judiciário e democracia. Em um momento no qual todo o ativismo político no Brasil esteve nas mãos do Poder Executivo, o Judiciário foi em alguns momentos ausente e, em outros, cúmplice de uma tradição antidemocrática. Essa trajetória mudou a partir de 1988, na medida em que a Constituição não apenas ampliou as prerrogativas do Poder Judiciário como lhe deu os instrumentos que permitiriam um protagonismo político inédito.

É possível pensar a relação entre Poder Judiciário e democracia a partir de duas dimensões. A primeira delas tem a ver com os novos instrumentos que o Judiciário adquiriu, em especial o STF. Nas duas primeiras décadas de democracia no Brasil, esse Poder utilizou as suas prerrogativas para se tornar protagonista de um processo de inclusão social que esteve na base do projeto democrático. Assim, a ampliação de políticas de acesso à saúde, a participação no *impeachment* do ex-presidente Fernando Collor de Mello e a punição de diversos políticos acusados de corrupção fizeram parte de uma nova visão que o Judiciário adquiriu a partir de 2012, mais popular e próxima da população.

Mas há uma segunda dimensão que não se alterou: a patrimonial e de grandes privilégios burocráticos. O Judiciário foi, entre os três Poderes, o que menos se adaptou à modernização administrativa que tornou o Estado brasileiro mais eficiente e também mais próximo dos cidadãos. Ainda possui uma estrutura fortemente familista, além de não ter abolido um conjunto de prebendas, como auxílio-paletó, e de possuir um sistema de férias de sessenta dias cuja venda gera supersalários – que se tornam, corretamente, objeto de críticas por parte da mídia. Essa modernização incompleta e os privilégios que incorpora permitem uma crítica antielitista que torna o Judiciário vulnerável a discursos anti-instituições, como é o caso do discurso bolsonarista, cujo questionamento de uma certa ideia de ordem ocupa lugar central na relação com a população de baixa renda.

O ex-capitão entrou em conflito com o STF (Supremo Tribunal Federal) desde seu primeiro ano de governo, quando o então presidente da Corte, Dias Toffoli, abriu o inquérito da *fake news*. Bolsonaro havia instalado o assim chamado "gabinete do ódio" no próprio palácio presidencial, de onde eram produzidas notícias falsas contra o STF e seus ministros, circuladas abertamente nas redes sociais. Tudo indica que ele havia entendido o papel de estabilizador da ordem realizado pelo STF e que, ao mesmo tempo, enxergava a vulnerabilidade da Corte e de seus ministros no campo dos privilégios corporativos. Em março de 2019, depois de uma conversa informal do presidente com dois ministros, Gilmar Mendes e Alexandre de Moraes, o presidente do STF, Dias Toffoli, optou por convidar Moraes, o caçula do tribunal, para assumir o comando de um inquérito que ele mesmo havia aberto sem consultar a Procuradoria-Geral da República, de acordo com o regimento do tribunal. Em um telefonema a Moraes em março de 2019, segundo relata Felipe Recondo no livro *O Tribunal*, Toffoli pediu a Moraes que comandasse o inquérito, o que ele recusou. Depois de um segundo telefonema de Toffoli, Moraes aceitou, mas acrescentou: "Vou tocar do meu jeito" (Recondo, 2023, p. 81). E assim foi. No dia 27 de maio de 2020, a Polícia Federal cumpriu 29 mandados de busca e apreensão contra alvos próximos à família Bolsonaro. O presidente da República reagiu de imediato, e foi ao encontro de Dias Toffoli no hospital, onde ele estava internado com covid-19 e sob risco de septicemia, para reclamar de Moraes. Com o tempo, todo o Supremo se alinhou em torno de Moraes porque entendeu o risco que Bolsonaro representava para a Corte.

O episódio de embate entre Moraes e Bolsonaro explicita o novo enfrentamento entre ordem e desordem no Brasil. O Judiciário brasileiro realizou um grande *aggiornamento* (adaptação temporal) a partir das mudanças da Constituição de 1988. Elas permitiram que uma concepção de direitos, frágil na tradição brasileira, se instalasse no imaginário da população com direitos em relação ao Estado e aos atores econômicos. A ideia de democracia regulada que o Brasil buscava desde os anos 1930 também se tornou possível com a implicação de limites legais ao poder dos governantes. Bolsonaro identificou que era essa a instituição que ameaçava o seu projeto de poder e tentou desconstruí-la, primeiro expondo as formas de comportamento oligárquico que esse Poder ainda comporta, independentemente do fato de ele exercer uma regulação positiva no exercício do poder político pelos governantes. Bolsonaro procurou inverter essa questão, explorando a noção antielites das massas populares. Para isso, tentou reduzir o Poder Judiciário a seus privilégios, associando falsamente privilégios a controles democráticos.

Coube ao STF, em especial ao ministro Alexandre de Moraes, estabelecer os limites da ação do bolsonarismo e dos ataques do ex-presidente à instituição judicial. Não obstante, a insurreição social bolsonarista do dia 8 de janeiro contou com impulsos populares antielites com capacidade de desestabilizar as instituições democráticas. O julgamento de Bolsonaro no STF pela tentativa de golpe é a mais importante iniciativa de controle de impulsos antidemocráticos no Brasil desde o início da nossa modernização. A primeira na qual um presidente e ex-ministros militares são julgados por tentativa de golpe de Estado.

No entanto, como este livro mostrará, mesmo depois da condenação de Bolsonaro, temos uma disputa entre ordem e desordem, uma vez que o ex-presidente conseguiu transferir, seja para as suas bases locais seja para amplos extratos do sistema político, a sua narrativa sobre a tentativa de golpe, expressa publicamente em declarações de governadores como Romeu Zema (MG), que nega a tentativa de golpe, e Tarcísio de Freitas (SP), que prometeu anistiar Bolsonaro caso seja eleito presidente. No momento em que este livro está sendo concluído tudo indica que há uma baixa na inserção do bolsonarismo na opinião pública, fenômeno este provocado menos pela condenação judicial do ex-presidente e mais pela forma como um dos seus filhos e diversos dos seus apoiadores se engajaram em uma campanha pública nos Estados Unidos de retaliação comercial e política contra o Brasil. Ainda assim, o mais provável é que ou o bolsonarismo ou uma direita antidemocrática continue tendo forte presença política no Brasil.

Todas essas afirmações e indicações em sentidos diversos mostram que ainda não consolidamos os limites da legalidade das ações políticas contra e a favor da democracia no Brasil, e que o resultado das ações do ex-presidente Jair Bolsonaro implica em pressões importantes sobre as ações do Supremo Tribunal Federal em defesa da legalidade democrática. Por um lado, tem importância crucial o fato de o STF julgar o núcleo do golpe, que envolvia oito pessoas, na primeira ação legal contra militares desde 1964 e com um ex-presidente no banco dos réus por tentativa de ruptura da ordem legal. Não é possível subestimar esse fato, que terá repercussões de longo prazo na cultura democrática brasileira. Por outro, não podemos deixar de apontar que Bolsonaro obteve também um êxito parcial em lançar desconfiança sobre as instituições judiciais e sua atuação, de modo que não sabemos como sua condenação irá repercutir em setores populares e no nível local. O mais provável é que tenhamos uma disputa em torno da legitimidade de sua condenação, independentemente da lisura com a qual o julgamento foi conduzido.

CAPÍTULO 3

Por que a democracia brasileira sobreviveu

O atentado contra a democracia brasileira bateu na trave.

No dia 6 de dezembro de 2022, Mauro Cid, então ajudante de ordens de Jair Bolsonaro, foi ao Palácio do Planalto e, no gabinete do presidente, encontrou-se com o general Mario Fernandes. Naquele momento, Fernandes era o número 2 da Secretaria-Geral da Presidência da República e já havia sido comandante dos "kids pretos", unidade de elite do Exército Brasileiro. Os dois chegaram ao Palácio do Planalto às 17h45 e, um minuto depois, receberam a mensagem "PR no Palácio" (PGR, 2025). Assim que Bolsonaro chegou, Cid e Fernandes imprimiram um documento denominado "Punhal Verde e Amarelo". Com o nome de "Fox_2017.docx", o plano tramava contra a democracia e a vida de três pessoas: o presidente eleito, Luiz Inácio Lula da Silva, o vice-presidente eleito, Geraldo Alckmin, e o ministro do STF (Supremo Tribunal Federal) Alexandre de Moraes. O plano detalhava uma estratégia sobre como monitorá-los para, eventualmente, assassiná-los. Segundo a denúncia promovida pela procuradoria, ali teve início a tentativa de golpe patrocinado pelo então presidente.

Bolsonaro leu o plano, propôs alguns ajustes e se preparou para apresentá-lo no dia seguinte, 7 de dezembro, aos comandantes das três Forças. E assim aconteceu. Estavam presentes no encontro o ministro da Defesa, Paulo Sérgio Nogueira; o comandante do Exército, general Marco Antônio Freire Gomes; o comandante da Marinha, almirante de esquadra Almir Garnier Santos; o comandante da Aeronáutica, tenente-brigadeiro Carlos Baptista Júnior; o assessor para Assuntos Internacionais da Presidência, Filipe Martins; além de Bolsonaro. Ali, os comandantes receberam a minuta de um decreto declarando o estado de defesa e a criação da Comissão de Regularidade Eleitoral para "apurar a conformidade e legalidade do processo eleitoral" (PGR, 2025). Ainda que não saibamos os termos exatos, o golpe ou o não golpe foi decidido ali.

Há pessoas que afirmam que não houve tentativa de golpe no Brasil, apenas uma discussão sobre o tema, ao final da qual a ideia foi descartada. Hoje, sabemos que a reunião do dia 7 de dezembro não foi tranquila. Em depoimento dado ao STF em 20 de maio de 2025, Freire Gomes afirmou que viu a minuta do golpe e que ela previa a prisão de diversas autoridades. Disse ainda que, nessa reunião, a posição dele foi a de que a corporação não adotaria qualquer medida para interferir no resultado da eleição presidencial de 2022, vencida por Lula. Segundo o ex-comandante do Exército, Bolsonaro concordou. No entanto, sabemos que relutou. No relatório da Polícia Federal encaminhado ao ministro do STF Alexandre de Moraes, os investigadores afirmam que Walter Souza Braga Netto orientou o ex-capitão do Exército Ailton Barros, cujo papel era incitar militares a aderirem à tentativa de golpe e a realizarem uma campanha de pressão sobre o comandante do Exército. A palavra de baixo calão utilizada por oficiais do baixo clero para definir o posicionamento de Freire Gomes foi "cagão". Fato é que Freire Gomes não concordou com a ideia de um estado de sítio ou uma GLO (Garantia da Lei e da Ordem), e sua opinião prevaleceu.

O que é um golpe e quão perto a democracia brasileira esteve de sofrê-lo? Para responder a essa questão, vamos voltar a 1639, quando o intelectual francês Gabriel Naudé, discípulo de Maquiavel, definiu o golpe de Estado como "as ações radicais que o soberano é obrigado a tomar em defesa do bem comum rompendo com a ordem político-legal" (*apud* Bianchi, 2025). Retirando aqui o forte conteúdo setecentista, o importante é que o golpe é uma ruptura súbita e radical com a ordem político-legal. Dois cientistas políticos contemporâneos, um norte-americano e outro inglês, dão-nos exemplos de golpe de Estado na segunda metade do século 20. David Runciman, professor da Universidade de Cambridge, descreve o golpe de Estado na Grécia da seguinte forma: no dia 21 de abril de 1967, alguns coronéis gregos foram visitar o rei da Grécia e disseram para ele: "Estamos realizando um golpe para salvar o país". O rei, furioso, perguntou: "Onde está o meu primeiro-ministro? Onde estão os membros do meu governo?". Os coronéis responderam: "Estão todos presos" (Runciman, 2018). Com certeza, é isto que é um golpe!

Steven Levitsky e Daniel Ziblatt contam uma história parecida, ocorrida no Chile em 1973, no livro *Como as democracias morrem*. Segundo os autores, na manhã do dia 11 de setembro de 1973, Salvador Allende ligou para dois generais: Augusto Pinochet, comandante do Exército, e Gustavo Leigh, general da Força Aérea. Nenhum dos dois respondeu. Ao meio-dia, jatos britânicos Hawker bombardeariam o Palácio de La Moneda, e Allende seria assassinado algumas horas depois.

Com base na teoria do discípulo de Maquiavel e nos dois relatos, podemos definir o que é um golpe. Golpe é uma ruptura súbita da ordem político-legal, executada por militares ou pessoas capazes de exercer coerção (lembremos que a ascensão do nazismo não envolveu militares, mas houve coerção e, principalmente, o fechamento do parlamento alemão).

O importante para entender o que é um golpe é que, no dia 20 de abril de 1967, a Grécia tinha uma ordem político-legal democrática. No dia seguinte, ela tinha outra, não democrática. No dia 10 de setembro de 1973, o Chile tinha uma ordem político-legal. Na noite de 11 de setembro, tinha outra.

O Brasil sofreu uma tentativa de golpe? – evidentemente que muitas pessoas gostariam de dar um golpe na política e ficam só na vontade. Para saber se houve uma tentativa de golpe de Estado no Brasil é preciso atentar para quatro elementos: planejamento; designação de pessoal e recursos; tentativa de romper com a ordem legal vigente; e organização de ações que podem levar ao que vimos nos exemplos grego e chileno: prisões e até mortes. Como veremos a seguir, a tentativa de golpe no Brasil em 2022 envolveu todos os quatro elementos.

A partir da reunião do dia 7 de dezembro no Palácio do Planalto, foram intensificadas as ações de um grupo de monitoramento encarregado de seguir os movimentos do presidente e vice-presidente eleitos e do ministro Alexandre de Moraes. O plano "Punhal Verde e Amarelo" previa uma operação com seis homens, todos eles pertencentes a uma unidade de elite do Exército comandada pelo general Mario Fernandes, antes de ele se tornar o número 2 da Secretaria-Geral da Presidência. Naquele dia, foi realizada a compra, por Rafael Martins de Oliveira, de seis chips para celular (comprados em nome da sua esposa) que seriam utilizados na "Operação Copa 2022" (MPF, 2024). Cada um dos integrantes do grupo recebeu o nome de um país, para manter de forma mais clara seu anonimato na operação ilegal que estavam realizando. Os nomes atribuídos foram: Alemanha, Áustria, Brasil, Argentina, Gana e Japão.

As conversas entre os seis integrantes do grupo, feitas com meias-palavras ou de modo implícito, mostram que o grupo designado para monitorar Lula, Alckmin e Moraes tinha informações detalhadas sobre a cerimônia de diplomação que ocorreria poucos dias depois, em 12 de dezembro. Naquele dia, às 17h36, a seguinte mensagem foi repassada a Mauro Cid: "Estarão na portaria. Trecho 5 será do presidente. Rota verde com desembarque exclusivo da comitiva do diplomado, que será no subsolo". Em complemento, apontou que o "acesso do Ministro Alexandre é o trecho cinco" e sinalizou: "tudo pronto pra diplomação segunda-feira" (MPF, 2024, p. 216). Ou seja, de fato havia um planejamento do golpe, com pessoas alocadas para seguir o presidente e o vice-presidente eleitos e o ministro do STF.

Faz-se importante também perceber que estimativas de gastos foram feitas. Tal como consta da denúncia da PGR (Procuradoria-Geral da República), houve uma conversa entre os membros do núcleo do golpe sobre gastos. Em 14 de novembro de 2022, Rafael Martins de Oliveira indagou a Mauro Cid: "Alguma novidade?". A resposta evidenciou que o financiamento da ação já havia sido debatido pelo grupo: "Qual a estimativa de gastos? Falei pra deixar comigo", "só faz uma estimativa com hotel. Alimentação. Material. 100 mil?" (MPF, 2024, p. 144).

No dia 15 de dezembro, o membro do grupo golpista com o codinome Gana se deslocou de Goiânia para Brasília com o objetivo de pôr em ação o plano de sequestro do ministro Alexandre de Moraes. Também foram identificados, segundo o Ministério Público Federal, o deslocamento para Brasília de Rafael Martins de Oliveira e de um veículo oficial ligado ao Batalhão de Ações de Comandos. Os terminais telefônicos vinculados aos codinomes Brasil, Argentina, Áustria e Gana igualmente chegaram a Brasília por volta de 19h30 do dia 15. Às 20h42, Gana enviou uma mensagem ao grupo afirmando: "Tô na posição". Às 20h43, Brasil voltou a questionar no grupo: "Qual a conduta?", sendo respondido por Alemanha às 20h45 com "Aguarde". Japão também respondeu, às 20h47: "Mantém na posição. Estou na posição". Pouco tempo depois, às 20h57, Áustria enviou "Tô perto da posição, vai cancelar o jogo?", ao que foi respondido, às 20h59, com "Abortar... Áustria... volta para local de desembarque..." (PGR, 2025, p. 218-219).

Sabemos o que os levou a abortar a operação. Depois de o ex-presidente receber uma negativa de Freire Gomes, comandante do Exército, juntou-se com Braga Netto e um conjunto de outros generais para tentar demover o comandante, até que alguém – Bolsonaro ou alguém de seu círculo íntimo – optou por abortar o plano. Essa foi a distância que o Brasil chegou de ações concretas para a efetivação de um golpe de Estado. Um grupo de militares de elite posicionados ao lado do apartamento funcional do ministro do STF, pronto para agir caso recebesse um sinal verde. Temos, no caso dessas ações, os quatro elementos que sugerem a realização de um golpe de Estado. Fica a questão: quem organizou e quem abortou o golpe no Brasil e por quê?

Como se organiza um golpe de Estado?

Para responder à questão sobre quem abortou o golpe é preciso entender como se organizam os golpes e como as Forças Armadas no Brasil funcionam. Existem golpes de Estado de diversos tipos, alguns perpetrados por civis e outros por militares. Os golpes clássicos europeus dos anos 1930 foram quase todos liderados por civis, começando pelo golpe de Benito Mussolini, na Itália, e chegando ao mais clássico dos golpes de Estado, aquele que levou Adolf Hitler e o Partido Nazista ao poder absoluto. Algumas características da ascensão do nazismo são importantes para entendermos o que são esses modelos de golpe. Em primeiro lugar, Hitler concorreu às eleições presidenciais de julho de 1932 e foi derrotado por um dos principais militares alemães, o general prussiano Paul von Hindenburg, que comandou o exército alemão durante a Primeira Guerra Mundial. Von Hindenburg, depois de muitas negociações, nomeou Franz von Papen para o cargo de chanceler. Von Papen, após diversas iniciativas não exitosas como chanceler (cargo equivalente a primeiro-ministro), convenceu Von Hindenburg a apontar Hitler como chanceler no dia 30 de janeiro de 1933.

Ainda que Hitler não fosse ditador, não demorou muito a se tornar um; no dia 27 de fevereiro de 1933, o parlamento alemão, conhecido como Reichstag, foi incendiado. Existiam fortes indícios de que os próprios nazistas haviam ateado fogo ao parlamento, mas Hitler acusou os comunistas e propôs a declaração do estado de emergência. A decretação suspendeu imediatamente os seguintes direitos civis: o direito de requerer *habeas corpus*, a inviolabilidade do lar, a privacidade do correio e das ligações telefônicas, o direito de reunião e o de associação (Paxton, 2008).

O Brasil não esteve próximo de ter um regime parecido com o nazista em nenhum momento entre 2018 e 2022, porque o Poder Judiciário continuou funcionando normalmente e sempre houve uma oposição legal e atuante. Mas vale a pena pensar nos elementos do golpe nazista para entender uma questão: existe uma via para o golpe de Estado que vai da eleição, passa pela decretação do estado de emergência ou do estado de sítio e desemboca no golpe de Estado.

Algumas reflexões cabem aqui. A decretação do estado de emergência ou do estado de sítio faz parte da tradição do direito romano de colocar medidas de exceção nas constituições. Como afirma o filósofo italiano Giorgio Agamben, temos uma diferença fundamental entre o constitucionalismo anglo-saxão e o dos países de direito romano. Nos países cujo constitucionalismo segue a tradição do direito romano, está presente a noção de uma resposta do soberano aos conflitos internos mais profundos. A ideia aqui é que o corpo social ou o corpo político transita entre a normalidade e a exceção. No estado de exceção, o governante declara uma guerra civil interna contra a população, desencadeando medidas de violência. No caso brasileiro, Jair Bolsonaro usou o falso pretexto de manipulação das urnas eletrônicas para tentar desencadear uma guerra civil. Ele foi contido por comandantes de duas das três corporações militares que perceberam as duras consequências que o golpe teria para o Brasil e para as próprias Forças Armadas. Para entender o porquê de os comandantes terem se oposto ao golpe é necessário entender quem é Bolsonaro e qual era a sua relação com as Forças.

Quem deteve Jair Bolsonaro?

Jair Bolsonaro é chamado por alguns de bobo da corte. A ideia por trás dessa designação é que se refere a uma pessoa de baixo nível intelectual (verdadeiro) e de baixa capacidade política (falso) que chegou por acaso à Presidência (falso) e perdeu a capacidade de governar a partir do seu segundo ano de mandato, quando o poder passou para o Congresso (falso). Alguns cientistas políticos defendem essa tese usando como mote uma fala do então candidato Lula, em 2022, que afirmou que Bolsonaro parecia um "bobo da corte" e que não mandava em nada. Os autores Marcos Melo e Carlos Pereira, a partir da afirmação de Lula, propõem a seguinte análise: "a acusação de Lula e o reconhecimento de impotência por parte de Bolsonaro nos dão a chave da nossa discussão. A imputação de Lula é aparentemente um oximoro: como pode um governante autoritário, que foi por diversas vezes considerado uma ameaça à democracia, ser um bufão sem poder. Curiosamente as qualificações feitas – refém, bobo da corte – nos explicam por que a democracia brasileira sobreviveu a Bolsonaro" (Melo; Pereira, 2024, p. 145).

Temos duas questões aqui a respeito das quais o analista político tem que se posicionar para analisar se Bolsonaro tinha ou não tinha muito poder. Sabemos que Bolsonaro foi o presidente do Brasil com mais projetos de lei derrubados pela Câmara, alcançando uma taxa de sucesso inferior a 30% (Vieira *et al.*, 2022); sabemos que Bolsonaro quase não dava palpites em questões econômicas, todas elas a cargo de seu ministro Paulo Guedes; e sabemos que o ex-capitão realizou um acordo com o então presidente da Câmara, Arthur Lira, e transferiu a ele partes fundamentais das decisões sobre políticas públicas. Aí nasceram as emendas secretas do orçamento.

Propomos uma análise distinta. Bolsonaro governou como líder de um movimento social com uma agenda política muito específica, não como alguém interessado em utilizar instrumentos clássicos de governabilidade. Assim, ele achava mais importante controlar a Abin (Agência Brasileira de Inteligência) e a Polícia Federal do que o Ministério da Economia. Sabemos que Bolsonaro pressionava o alto-comando das Forças Armadas para forçar a promoção para o oficialato de membros do baixo clero militar com os quais ele tinha relação. Sabemos também que ele montou um "gabinete do ódio" no interior do Palácio do Planalto, de onde eram disseminadas notícias falsas, e que isso ampliou o controle que ele já detinha das redes sociais. Ao final do seu governo, ele mostrou uma capacidade de recuperação política muito grande no que diz respeito à aprovação do seu governo e à intenção de votos. Além disso, o partido pelo qual ele resolveu lançar a sua candidatura tornou-se o principal da Câmara dos Deputados. Será que Bolsonaro foi mesmo um bobo da corte sem nenhum poder?

Minha resposta a essa questão é diferente e negativa. Bolsonaro foi um presidente com uma concepção muito particular de poder político. Ele se importou quase nada com a economia, muito pouco com questões ligadas à legislação e sua aprovação pelo Congresso. Pensou até mesmo em privatizar a Petrobras, dentro de uma lógica muito particular de que qualquer coisa que atrapalhasse a constituição de um apoio político massivo à extrema direita no Brasil deveria ser encarada como empecilho. Bolsonaro se dedicou a constituir essa base de direita e, em relação a esse objetivo, seu governo foi altamente exitoso: em pesquisas de opinião pública, o número de brasileiros que passaram a se declarar de direita subiu de 16% para mais de 35% entre 2018 e 2022, segundo o Instituto da Democracia. Ao mesmo tempo, todas as pautas morais da extrema direita se fortaleceram no Brasil: as pautas antigênero, antigay e as relacionadas à segurança pública e ao ataque aos direitos humanos. Mas a que Bolsonaro mais defendeu foi a de um ataque à democracia em seus dois elementos principais: a soberania popular expressa através do voto e a divisão de poderes expressa por meio de decisões judiciais. Se ele tivesse atacado a democracia apenas retoricamente, poderíamos concordar com a afirmação da sua defesa de que os seus atos estiveram cobertos pela liberdade de expressão. Mas, tal como mostrei anteriormente, o ex-presidente foi além disso em três sentidos diferentes: ele aprovou um texto legal de ruptura com o Estado de Direito; mobilizou os "kids pretos" para seguirem autoridades com o objetivo de prendê-las ou assassiná-las; e financiou essas atividades com dinheiro público, recursos das Forças Armadas ou recursos de fontes desconhecidas entregues em uma caixa de vinho pelo seu candidato a vice-presidente, general Braga Netto (PGR, 2025). Por fim, coube a ele submeter o plano como um todo aos comandantes das Forças Armadas.

Quem impediu o golpe no Brasil?

Golpes de Estado podem ser impedidos ou revertidos de diversas maneiras. Tomemos alguns exemplos nos quais as instituições conseguem deter um golpe. Foi o caso, por exemplo, da primeira tentativa de golpe dos nazistas em Munique em novembro de 1923. Ali, um grupo de dois mil nazistas marchou em direção à câmara municipal da cidade. Cercado por mais de três mil soldados, os nazistas avançaram, mas foram derrotados, com mais de quinze mortos. Hitler foi julgado e condenado a cinco anos de prisão, dos quais ele cumpriu apenas oito meses. Esse é um caso típico de golpe fracassado, que os organizadores de golpes tentam evitar: ficar em minoria frente às instituições do Estado e serem condenados depois.

Em outros casos, o povo sai na rua em defesa da sua democracia ou de algumas liberdades. Foi o que vimos na tentativa de golpe de Estado contra Gorbatchov pela ala ortodoxa do partido comunista da União Soviética em 1991. Nesses casos, gera-se um *status quo* indeterminado e, depois de algum tempo, a democracia ou *o status quo* anterior é restaurado, como aconteceu na ex-União Soviética. Os golpistas, entre os quais estavam o vice-presidente de Gorbatchov e altos dirigentes soviéticos, formaram um comitê estatal de emergência e prenderam Gorbatchov. Durante o período de alguns dias, nos quais diversas manifestações ocorreram, o poder ficou indeterminado e, depois disso, Gorbatchov, que havia sido preso, voltou a Moscou. Nesse caso, a mobilização popular deteve o golpe, assim como ocorreu na Bolívia contra Evo Morales. Há ainda o caso da tentativa de golpe no Brasil em 1955, quando uma parte dos militares impediu o golpe, especialmente o então ministro do Exército, general Henrique Teixeira Lott, que colocou suas tropas na rua preventivamente. Assim, golpes podem ser impedidos e revertidos de diferentes maneiras: pelas próprias instituições políticas; pelo povo na rua, como aconteceu em Moscou em 1991 ou na Bolívia com Morales; pelas próprias Forças Armadas, como foi o caso no Brasil em 1955. Existe um amplo debate sobre como a tentativa de golpe no Brasil em 2022 foi revertida ou por que a democracia brasileira sobreviveu e, ainda, quais instituições ou grupos políticos tiveram um papel nesse processo.

Os argumentos principais dessa discussão remetem à organização do sistema político brasileiro depois de 1988. Vejamos quais são os argumentos principais: a Constituição de 1988 criou um sistema político híbrido, parte dele majoritário e a outra parte proporcional. De um lado, nós, brasileiros, elegemos o presidente pela via majoritária, ou seja, o candidato que obtiver 50% mais um dos votos válidos se torna o presidente do país. Do outro lado, temos o sistema mais proporcional possível nas eleições para a Câmara, no qual não existem sequer distritos. O distrito no Brasil, se existir, é o próprio estado. Esse sistema, que já tendia à fragmentação nos anos 1950 e tornava o Brasil difícil de governar, passou a gerar fragmentação completa a partir de 1994. Apenas a eleição de 1986 gerou uma maioria, mesmo assim dentro do PMDB, então majoritário. Ainda assim, surgiu, durante a Assembleia Nacional Constituinte (1987-1988), um grupo que se autodenominou centrão. O centrão na Constituinte atuou para desradicalizar algumas propostas feitas pelo então líder do PMDB, o senador Mário Covas.

A Constituinte no Brasil gerou dois partidos, o PT, fundado alguns anos antes, mas que se torna um partido nacional e começa a vencer eleições importantes para prefeito em 1988, e o PSDB, que é fundado como uma dissidência do PMDB por alguns políticos que haviam sido seus principais líderes – Franco Montoro, ex-governador de São Paulo, Fernando Henrique Cardoso, senador por São Paulo, e Mário Covas, também senador por São Paulo. O Brasil poderia ter tido duas histórias políticas distintas depois da Constituição de 1988. Uma primeira seria os dois partidos concorrerem aliados a partir das eleições de 1989; a segunda, que de fato aconteceu, foi que cada um dos partidos governou o Brasil com êxito, mas com seus partidos em minoria no Congresso Nacional. Essa é a raiz do crescimento do centrão. Ele é necessário para governar o Brasil.

Partidos pouco ideológicos – como o PP, como se tornou o PMDB e, mais recentemente, o PSD – passaram a ocupar a cena política a partir de agendas parlamentares locais, que foram se integrando em emendas parlamentares não obrigatórias até 2015. Assim, cunhou-se o termo "presidencialismo de coalizão" para designar um sistema no qual o presidente, que estava em minoria no parlamento, conseguia governar ao construir uma coalizão sólida. Assim, tínhamos um sistema sólido e a governabilidade era possível. É verdade que, de tempos em tempos, os governos de Fernando Henrique Cardoso e de Lula enfrentavam crises de corrupção. Mas também é verdade que eles conseguiam controlá-las e seguir em frente, até mesmo no caso do Mensalão.

Coube a um político com passagem breve pela presidência da Câmara mudar essa trajetória. Eduardo Cunha era um político com a ideia de centrão em seu DNA. Cunha começou sua carreira política no PRN, partido fundado por Fernando Collor. Logo após a eleição de Collor para a Presidência, Cunha tornou-se presidente da Telerj, a empresa estatal de telefonia do estado do Rio. Então passou para o PPB e, em 1998, candidatou-se pela primeira vez a um cargo eletivo, sem sucesso. Ele consegue se eleger pela primeira vez a deputado federal pelo PPB em 2002 e, em 2006, migra para o PMDB. A primeira característica de Cunha que o diferencia dos presidentes da Câmara entre 1986 e 2010 é a falta de fidelidade a um partido político. Se pensamos em outros presidentes da Câmara no período – Ulysses Guimarães, Ibsen Pinheiro, Aécio Neves, João Paulo Cunha e Aldo Rebelo –, por mais que eles negociassem com um baixo clero pouco ideológico, vinham de outra tradição, de relação orgânica com seus partidos. Cunha vinha do centrão: ele pertenceu a diversos partidos, era oriundo da ocupação de cargos de confiança em algumas empresas públicas e sua lealdade não estava claramente centrada no PMDB, partido que ele trocou pelos republicanos recentemente. Não é que Cunha não tivesse lealdade. Ele tinha, mas essa lealdade era a um certo tipo de deputado que já existia em 2015 e que passou a ser maioria clara na Câmara: um deputado pouco ideológico, a não ser em questões morais, cuja lealdade principal é com políticos locais e que quase entende a si mesmo como um arrecadador de verbas federais. Cunha mudou para sempre a relação entre esses deputados e o governo federal quando tornou obrigatória a implementação de emendas parlamentares. A partir daí, com a eleição de Bolsonaro e, principalmente, com a eleição de Arthur Lira, tivemos uma desideologização completa da Câmara, com duas ressalvas: que os interesses do mercado financeiro são inegociáveis e que as pautas morais, majoritárias no nível local, também são inegociáveis.

A questão que se coloca quando pensamos no golpe e na sobrevivência da democracia no Brasil em 2022, argumentada por alguns cientistas políticos, é de que foi o centrão que defendeu a democracia e foi responsável por sua sobrevivência. Será que é possível sustentar esse argumento?

Vejamos que argumentos são esses. Marcos Melo e Carlos Pereira fazem em seu livro uma afirmação sobre o centrão e sua parte na sobrevivência da democracia, além de um argumento sobre a modesta contribuição da oposição, o PT, nesse processo. Analiso essas afirmações para tentar, com base nelas, avaliar o papel que os diferentes atores tiveram na sobrevivência da democracia brasileira.

Para fazer justiça ao argumento dos autores, eles não são admiradores do centrão. Pelo contrário, iniciam sua análise afirmando que:

> Bolsonaro buscou o apoio do centrão, um grupo heterogêneo de mais de duzentos legisladores de extrema direita e alguns de direita radical. O núcleo do centrão – PL, Progressistas e Republicanos –, de forma similar a outros partidos pequenos, tem como principal característica o governismo empedernido e um comportamento rentista, um produto do seu tamanho e posição central [...] no espectro político. [...] Neste processo, o chefe do Executivo cedeu às demandas do centrão e demitiu vários de seus aliados mais radicais que pertenciam à facção olavista, como seu ministro da Educação. [...] Embora os militares permanecessem no governo – controlando posições-chave da burocracia federal. (Melo; Pereira, 2024, p. 162)

Alguns pontos sobre a relevância do centrão para a continuidade da democracia no Brasil são destacados pelos autores: o primeiro deles é que o objetivo do centrão era desradicalizar o governo Bolsonaro, e que isso implicou a demissão de ministros mais radicais. Na verdade, esse ponto parece correto apenas em relação aos ministros civis. O bolsonarismo tem tanto elementos institucionais como elementos extrainstitucionais. No que diz respeito aos seus elementos institucionais, o radicalismo bolsonarista está concentrado em algumas áreas de políticas públicas, sobretudo nas de direitos humanos, de meio ambiente e da educação. Nesses setores, o argumento de Melo e Pereira parece parcialmente correto. O caso da demissão do ministro da Educação Abraham Weintraub foi, de fato, um indicador de certa moderação, ainda que em uma área que não tinha para o bolsonarismo uma prioridade tão significativa quanto direitos humanos e meio ambiente, as agendas centrais frequentemente gerenciadas pela própria Casa Civil (Avritzer; Zanandrez, 2024).

Quando analisamos o Congresso em relação a sua capacidade de conter os arroubos autoritários e golpistas do bolsonarismo, temos que nos perguntar sobre o comportamento dos presidentes das duas Casas e de alguns próceres do centrão, como o senador Ciro Nogueira. É verdade que, especialmente nos casos dos presidentes do Senado e da Câmara, houve o reconhecimento quase imediato do resultado eleitoral, o que, a princípio, os deixa fora do assim chamado "campo golpista". Entretanto, no caso de Arthur Lira e Ciro Nogueira, duas lideranças importantes do centrão, vemos atitudes pouco firmes em relação aos ataques que o ex-presidente realizou contra as urnas eleitorais e, em seguida, contra a democracia.

À medida que as eleições de 2022 se aproximavam, Bolsonaro tomou três atitudes, todas elas implicando algum nível de questionamento sobre a lisura eleitoral ou sobre a própria democracia brasileira. A primeira foi uma série de ataques sobre a segurança das urnas eletrônicas, o que ocorreu simultaneamente em duas arenas: primeiramente, na Comissão de Transparência das Eleições, criada em 2021 pela Portaria n.º 578 do TSE (Tribunal Superior Eleitoral). Ali, o sistema eletrônico de votação e apuração de votos em vigor no país desde 1996 foi questionado tanto pelo representante das Forças Armadas como pelo próprio ministro da Defesa (Rodrigues, 2022). A segunda arena, entretanto, representou o ato que mudaria a conjuntura política nos anos seguintes: a reunião de Bolsonaro com os embaixadores estrangeiros no Palácio da Alvorada, em julho de 2022. O encontro mobilizado pelo ex-presidente para promover um forte ataque à lisura do sistema eleitoral (Rodrigues; Gomes; Barbiéri, 2022), hoje considerado um delito penal, fez com que o TSE declarasse no ano seguinte a inelegibilidade do ex-presidente por oito anos por abuso de poder político e uso indevido dos meios de comunicação. O interessante é que, apesar da centralidade atribuída às ações do centrão para a defesa da democracia, a reação dos líderes do Congresso em relação a esse evento foi tardia e fraca. Esse episódio faz com que algumas questões pareçam problemáticas para o argumento sobre a relevância do centrão na contenção do golpe ou de ações antidemocráticas.

No episódio de questionamento da integridade do processo eleitoral, que foi o primeiro ato de radicalização na direção do golpe, a reação do presidente da Câmara, visto como uma força moderadora, foi tardia e de pouco impacto. Nove dias depois da fala de Bolsonaro, Arthur Lira, sem mencionar o episódio, declarou a confiança no sistema eleitoral.

Assim, as reações dos atores políticos à radicalização dos atos antidemocráticos foram menos consistentes (Garcia; Hanna, 2022) do que argumentam diversos autores. Para compreender os motivos, é preciso pensar a partir da própria definição de centrão. Se eles constituem um grupo empedernidamente governista, que adota uma posição rentista em relação ao Estado e age de forma não ideológica no parlamento, a pergunta que se coloca é: por que os parlamentares do centrão seriam os salvadores da democracia brasileira? Quando recapitulamos a relação do governo Bolsonaro com o centrão, podemos perceber por que o centrão estava amplamente insatisfeito com o governo: não conseguiam realizar nomeações para cargos de confiança dado o tipo de ministério montado por Bolsonaro e, ao mesmo tempo, tinham pouca capacidade de liberar emendas parlamentares em virtude dessa mesma configuração ministerial. Ou seja, o governismo empedernido do centrão estava em xeque e, talvez, Bolsonaro corresse naquele momento algum risco de *impeachment*, mesmo que nenhum pedido tenha recebido um despacho favorável por Lira, o que seria bastante improvável de acontecer.

Quando o deputado Rodrigo Maia deixa a presidência da Câmara, que exerceu de 2016 a 2021, ele é substituído por Arthur Lira e as coisas mudam de figura no que diz respeito à capacidade de Bolsonaro de estabelecer apoios no Congresso. É possível afirmar que Bolsonaro se desradicaliza, ainda que a saída de Abraham Weintraub do MEC (Ministério da Educação) tenha feito mais sentido pelo lado fisiológico; o MEC deixou de ser um ministério de combate ideológico contra as "universidades de esquerda" e deu lugar a um novo tipo de fisiologismo em relação às escolas e universidades religiosas.

Ainda assim, é difícil enxergar por que esse grupo se tornou o bastião de defesa da democracia. Houve, sim, uma enorme coincidência entre o reconhecimento do resultado das eleições e a defesa das urnas eletrônicas por parte do centrão por um motivo muito mais simples: a eleição de 2022 para a Presidência da República ocorreu em conjunto com a de todos os governadores, todos os deputados estaduais e federais e uma parte substancial dos senadores. Esse parece ser o fato que inviabilizou a aventura bolsonarista de questionar o resultado eleitoral e, em particular, os resultados do primeiro turno, o que significaria questionar todos esses novos mandatos, inclusive o de seus aliados.

Militares na tentativa de golpe

O argumento de diversos cientistas políticos em relação a quem salvou a democracia brasileira é particularmente deficiente no que diz respeito aos setores militares. O Brasil tem uma longa tradição de intervenção dos militares na política. Se pensarmos o pós-guerra (1945-1964), apenas o governo do presidente Eurico Gaspar Dutra (1946-1951) não sofreu tentativas de golpe militar. Juscelino Kubitschek enfrentou duas rebeliões, Aragarças e Jacareacanga, e o presidente João Goulart quase não conseguiu tomar posse em 1961, tendo sido deposto três anos depois pelo golpe militar de 1964. Em comparação com nossos vizinhos do Cone Sul, somos o país que conseguiu estabelecer menos controles civis sobre os militares.

O governo Bolsonaro representou a volta dos militares a posições de poder em dois sentidos diferentes: de um lado, Bolsonaro retomou uma tradição que tinha diminuído fortemente no final do último governo militar – do presidente João Batista Figueiredo (1979-1985) – de ocupar posições civis com oficiais da reserva ou até mesmo da ativa. De acordo com levantamento do TCU (Tribunal de Contas da União), no último ano do governo Michel Temer, 2.765 militares ocupavam cargos do governo federal. Segundo o órgão, em 2021, eram 6.175 membros das Forças Armadas ocupando postos na administração civil (Mais militares assumiram..., 2022).

O que mais causou estranheza não foi a militarização do governo, mas os valores abertamente antidemocráticos e golpistas de setores muito próximos ao presidente. Abordei a questão da origem dessa inclinação golpista anteriormente, e discuto aqui apenas a formação de um núcleo duro antidemocrático em torno do presidente envolvendo alguns de seus ministros mais importantes, como Braga Netto e Augusto Heleno. Esse movimento tem, provavelmente, uma raiz estrutural: a reação à democratização por um círculo restrito de militares que se agrupou na Academia das Agulhas Negras. Uma parte desses militares tem ligações diretas com a ala dura do regime autoritário e com o general e ex-ministro no período ditatorial Sylvio Frota. Mas essa concepção foi atualizada no Haiti e se expressou na intervenção militar no Rio de Janeiro em 2018. Por fim, temos os "kids pretos", que, evidentemente, têm uma vocação para a ação antidemocrática. Essa é provavelmente a tripla origem dos elementos não democráticos nas Forças Armadas, que, se não é majoritária, é significativa. Assim, fica parcialmente respondida a pergunta sobre por que tantos militares estiveram envolvidos na tentativa de golpe de Jair Bolsonaro, que, a princípio, deveria ter sido um golpe essencialmente civil.

Temos duas respostas a essa questão por parte da ciência política brasileira: uma primeira que subestima os elementos golpistas e que iremos deixar de lado. O que nos interessa aqui e será discutido mais à frente é como o golpe prosperou entre os militares.

No dia 18 de fevereiro de 2025, a PGR denunciou 34 pessoas por ações relativas à tentativa de golpe. A procuradoria dividiu esses 34 "possíveis golpistas" em três grupos principais: o primeiro, o dos planejadores, com oito pessoas que teriam sido responsáveis pelas principais decisões e ações. Constam desse grupo integrantes do alto escalão do então governo e das Forças Armadas: Jair Bolsonaro (ex-militar), Alexandre Ramagem (então diretor-geral da Abin), Almir Garnier Santos (então comandante da Marinha), Anderson Torres (então ministro da Justiça e Segurança Pública), Augusto Heleno (general e então ministro do Gabinete de Segurança Institucional – GSI), Paulo Sérgio Nogueira (general e ministro da Defesa), Braga Netto (general, então ministro da Defesa) e Mauro Cid (tenente-coronel e ajudante de ordens de Bolsonaro). Essas pessoas e suas ações, se de fato tivessem sido deixadas de lado no dia 14 de dezembro, dariam razão ao argumento de alguns cientistas políticos. O que é importante perceber em relação a esse grupo, cuja influência nas Forças Armadas não pode ser subestimada, é como ele conseguiu sobreviver à democratização com tantas convicções antidemocráticas. Assim, infelizmente é preciso afirmar que existe um núcleo antidemocrático fortemente estabelecido nas Forças Armadas brasileiras.

Mas a PGR denunciou dois outros grupos também formados predominantemente por militares. No segundo, estão as pessoas que estabeleceram a intermediação entre o núcleo central e o grupo de militares e membros de outras forças de segurança que operacionalizaram a tentativa de golpe, coordenando o monitoramento de autoridades e mantendo contato com manifestantes acampados em frente a quartéis do Exército. Dele fazem parte: Silvinei Vasques (então diretor da Polícia Rodoviária Federal), Marília Ferreira de Alencar (ex-delegada da Polícia Federal e então diretora de Inteligência do Ministério da Justiça), Fernando de Sousa Oliveira (ex-delegado da Polícia Federal e então diretor de Operações do Ministério da Justiça), Mario Fernandes (general e ex-comandante das forças especiais do Exército), Marcelo Costa Câmara (coronel da reserva e então assessor da Presidência) e Filipe Garcia Martins (então assessor da Presidência). O que surpreende em relação a esse segundo círculo de pessoas é que ele aponta para um certo trânsito antidemocrático entre o núcleo militar golpista e diversos membros das instituições de segurança do Estado.

O terceiro grupo de indiciados é composto por aqueles que operacionalizaram o pré-golpe e estariam encarregados de implementar o golpe por meio de prisões ou mesmo assassinato de autoridades. Nesse grupo, foram indicados: Estevam Cals Theophilo (general e ex-comandante de operações terrestres do Exército), Hélio Ferreira Lima (comandante da terceira companhia de forças especiais), Rafael Martins de Oliveira (tenente-coronel dos "kids pretos"), Rodrigo Bezerra de Azevedo (chefe de seção do comando de operações especiais), entre outros.[5]

[5] Wladimir Matos Soares, Bernardo Romão Correa Netto, Cleverson Ney Magalhães, Fabrício Moreira de Bastos, Márcio Nunes de Resende Júnior, Nilton Diniz Rodrigues, Sérgio Ricardo Cavaliere de Medeiros e Ronald Ferreira de Araújo Júnior.

O que é importante perceber aqui é que não houve apenas uma reunião, na qual a ideia do golpe teria sido descartada, mas uma preparação real para que o golpe fosse executado, organizada especialmente por membros em cargos de chefia de diversos tipos de comandos especiais, tanto de operações terrestres quando de operações localizadas em outras regiões, como a Amazônia e o Centro-Oeste. Portanto, cabe pelo menos a pergunta sobre por que tantos comandantes das Forças Armadas do Brasil se engajaram em ações golpistas. É verdade que elas acabaram não vingando, mas o fato de um número tão elevado de generais, coronéis e um almirante ter se envolvido na organização de um golpe de Estado – que, nunca é demais relembrar, planejou prisão e assassinato do presidente eleito e de seu vice – chama a atenção.

Quem ou o que deteve Bolsonaro? Os elementos estruturais, institucionais e o papel da oposição no Brasil

Quando alguém, especialmente um presidente no exercício do mandato, pensa em dar um golpe e o organiza, é importante pensar quais são os motivos que o fizeram desistir dele. Sabemos, no caso do golpe de Bolsonaro, que houve a oposição do comandante do Exército, general Marco Antônio Freire Gomes, mas, evidentemente, o capitão reformado poderia ter seguido adiante, dado o enorme envolvimento de militares em posição de comando, tal como detalhado anteriormente. Assim, uma segunda questão se coloca: muitas vezes se desiste de um golpe ao se antecipar reações civis ou militares a ele? Como essas possíveis reações ocorreram no Brasil? Para responder a essa questão, vale a pena entender o que a ciência política já discutiu sobre golpes e sua capacidade de ter êxito ou de fracassar.

A primeira questão envolvida nessa discussão é se a estabilidade da democracia que, supostamente, evitaria ou dissuadiria o golpe pode ser pensada estruturalmente ou, então, se é a mobilização dos atores sociais que está na base da resiliência da democracia a golpes de Estado. Alguns cientistas políticos lançaram os fundamentos da resiliência estrutural da democracia. O polonês americano Adam Przeworski e o brasileiro Fernando Limongi, entre outros, realizaram um levantamento dos golpes bem-sucedidos em 135 países entre 1950 e 1996. Na época, eles chegaram à conclusão de que a democracia é rompida em países com renda média ou baixa. O país mais rico no qual uma ruptura democrática ocorreu entre 1930 e 1976 foi a Argentina, que não conseguiu se democratizar e sofreu diversos golpes no período, entre eles os de 1955 e 1976. Hoje, temos o caso da Turquia, que é o país mais rico no qual ocorreu um golpe exitoso, o autogolpe de Erdoğan, e há também o caso da Hungria, considerada por muitos especialistas uma ditadura.

O que esses dados significam? Podemos dialogar com diversos cientistas políticos que sustentam o argumento sobre a força institucional da democracia (Huntington, 1993; Dahl, 1991; Acemoglu; Robinson, 2022). Em geral, eles afirmam que as democracias são mais resilientes do que parecem. No que diz respeito ao Brasil, autores apontam para a relevância de um sistema de pesos e contrapesos capaz de sustentar o regime democrático. Devemos analisar se esse é realmente o caso. Para isso, analiso as ações de três atores: o Congresso, o STF e a oposição.

Vamos abordar, em primeiro lugar, o papel do STF na contenção das tentativas de golpe. Para entender melhor os diferentes papéis do parlamento e do sistema de justiça na inviabilização do golpe, é importante entender como a natureza súbita dos golpes impõe diferentes tarefas para os diferentes poderes. Como expliquei antes, existem três maneiras de conter um golpe: pela repressão aos atores golpistas, pela mobilização popular e pela restauração do *status quo* anterior. Essas vias deixam claro que a natureza súbita do golpe dificilmente dá ao Poder Legislativo a capacidade de revertê-lo ou de contê-lo imediatamente. Nesse sentido, o Poder Judiciário tem capacidades superiores de deter o golpe no que diz respeito às ações patentemente ilegais realizadas pelo Poder Executivo. Para entender esse argumento, analisemos três ações golpistas ou semigolpistas que ocorreram no Brasil em 2022 e 2023.

No dia 30 de outubro de 2022, segundo turno das eleições presidenciais, a PRF (Polícia Rodoviária Federal) realizou blitzes em rodovias em todo o país. Apesar da dimensão nacional da operação, rapidamente ficou claro que havia uma enorme disparidade regional, tanto no número de policiais empregados nas operações quanto no número de veículos abordados. Segundo a Agência Brasil, o efetivo utilizado na região Nordeste foi de 795 policiais, enquanto 230 foram mobilizados na região Norte, 381 no Centro-Oeste, 418 no Sul e 528 na região Sudeste. O número de ônibus abordados no Nordeste pela fiscalização chegou a 2.185 e também foi acima do registrado nas demais regiões do país. Observando os dados a nível estadual, nota-se uma disparidade ainda maior dessas operações no interior dos estados do Maranhão e da Bahia e na região norte de Minas Gerais. Em todas essas localidades, a intenção de voto no então candidato Luiz Inácio Lula da Silva era superior a 60%. Tivemos, assim, uma ação claramente ilegal, que exigia resposta imediata. É importante notar que são ações desse tipo que diferenciam a capacidade de ação dos diferentes poderes. O Poder Executivo é aquele que, sob controle de um líder autocrático, pode realizar esse tipo de ação. É muito difícil que o Poder Legislativo, devido ao seu *modus operandi*, possa sustar ações dessa natureza.

Coube então ao ministro do STF Alexandre de Moraes, no exercício da presidência do TSE, convocar, no mesmo dia, o diretor da PRF, Silvinei Vasques, para explicações. Vasques ouviu ameaças de prisão e multa e suspendeu a operação ainda durante a votação. O prejuízo político, porém, estava dado.

O segundo fenômeno importante, ocorrido depois do resultado das eleições, foram os movimentos golpistas em torno da diplomação, evento protocolar que ocorre antes da posse. O clima no país nas semanas seguintes ao resultado eleitoral não era de aceitação do candidato vencedor nem de respeito ao processo legal. Coube a Alexandre de Moraes adiantar a diplomação de Lula para 12 de dezembro, uma semana antes do previsto. A ministra do STF e do TSE Cármen Lúcia explicitou o receio em palavras: "Houve a passagem para o dia 12 porque havia alguma coisa que eu não entendia muito bem, que as pessoas não entendiam, mas que não parecia que estava todo mundo acolhendo [o resultado] tranquilamente, embora não houvesse nada formalizado, porque não se formaliza golpe" (Cármen Lúcia explica..., 2025). Havia necessidade de diplomar o presidente por motivos jurídicos para que, caso se concretizasse uma tentativa de golpe, ele se desse contra um resultado chancelado e um presidente já reconhecido como eleito. Esse evento acabou antecipando a reunião de Bolsonaro com os chefes das três Forças, então marcada para 14 de dezembro. A ação do Poder Judiciário ampliou os custos do planejamento do golpe em curso.

O terceiro fenômeno, este ligado ao próprio 8 de Janeiro, pode ser entendido de diversas formas, entre elas, como uma insurreição mal conduzida, em que se confundiu o poder com a sua incorporação física em um conjunto de prédios, que foram vandalizados sem que o poder em si fosse atingido. O 8 de Janeiro também pode ser entendido como uma tentativa de mudar de posição daqueles integrantes das Forças Armadas que haviam resistido à minuta do golpe, colocando-o mais uma vez na agenda (esta, uma versão mais factível para o entendimento do que foi aquele evento). A incapacidade de reação de diversas forças militares, como o Comando Militar do Planalto, e as ameaças sofridas por líderes civis por parte do então comandante do Exército, Júlio Cesar de Arruda, ajudam a entender o fenômeno como um todo. Mais uma vez, a questão fundamental é que a contenção do golpe precisa ter a mesma temporalidade da própria tentativa de golpe. Nesse caso, coube aos poderes Executivo e Legislativo conter o golpe, que poderia vir das deficiências da forma institucional da GLO (Garantia da Lei e da Ordem), que coloca o seu exercício na mão dos comandantes militares (ver Capítulo 1). No caso do 8 de Janeiro, duas reações ocorreram. A primeira foi a promulgação do Decreto n.º 11.377, que realizou a intervenção na segurança pública do Distrito Federal, implementado no mesmo dia. O Poder Executivo utilizou o único instrumento que ele possuía para não ceder o poder ao controle do exercício tal como ocorre com a GLO, medida por meio da qual esse controle passa para as Forças Armadas; uma vez que a Constituição de 1988 determina que toda intervenção tem que ser aprovada pelo parlamento, tal aprovação de fato ocorreu logo em seguida. Em segundo lugar, houve a remoção pela via judicial do governador do Distrito Federal.

Mais uma vez, ambas as ações mostram que são os Poderes que agem rapidamente que têm condições de deter o golpe, dada a natureza súbita deste. Resta ainda discutir de que maneira foi possível derrotar eleitoralmente o bolsonarismo.

O papel da oposição na contenção do golpe

Há uma teoria que afirma que governos que desencadeiam processos de erosão democrática se tornam autoritários ou autocráticos depois de reeleitos. Ainda que este não seja o caso em todas as situações, temos fortes evidências para o que ocorreu na Hungria, na Turquia, em Israel e, agora, no segundo mandato de Donald Trump, nos Estados Unidos. Todos os casos estão ligados à incapacidade da oposição de derrotar o líder autocrático que, uma vez reeleito, realiza três tipos de mudança: tenta interferir no Poder Judiciário (aqui os casos mais significativos são o da Hungria, de Israel e do México, depois da eleição de Claudia Sheinbaum em um processo de continuidade com a gestão Lopes Obrador); tenta realizar mudanças na burocracia, revendo o pluralismo da administração pública ou até mesmo o seu profissionalismo (Trump e Bolsonaro são os melhores exemplos). Por fim, os líderes autocráticos realizam o ato mais radical, que é mudar as regras para a existência da oposição política, transformando democracias em regimes autoritários, como ocorreu na Turquia e na Venezuela.

O elemento central da reação ao golpe consiste na capacidade da oposição de concorrer eleitoralmente e derrotar o líder que está tentando subverter a democracia ou dar um golpe. A questão central é como entender essas ações da oposição, que, no caso brasileiro, foram frequentemente subestimadas? Um ex-militar norte-americano, que se tornou um dos principais cientistas políticos da segunda metade do século 20, Alfred Stepan, descreveu as funções principais da oposição. Em seu texto já clássico (Stepan, 1997), ele enumera o que seriam essas funções – que, evidentemente, não podem se limitar apenas ao voto em projetos de lei no parlamento.

A primeira delas é existir: não há regime ou governo verdadeiramente democrático sem oposição. Ela é parte essencial da dinâmica do pluralismo, que é inerente à própria democracia. O grande problema que torna a democracia frágil é a questão de como entender o conceito de oposição leal. Em geral, regimes autoritários não comportam a ideia de oposição leal, apesar de ser esse um dos principais componentes da democracia. Nesta década em que vivemos, poucos são os líderes que cruzam a linha vermelha de tornar ilegal qualquer tipo de oposição. Mesmo na Rússia e na Venezuela algum tipo de oposição existe.

Em segundo lugar, é função da oposição manter zonas de autonomia em relação ao regime e disputar a legitimidade do próprio regime ou de determinadas ações do governo. Isso é particularmente relevante em contextos nos quais governos, como os de Trump ou Bolsonaro, atacaram instituições como o Poder Judiciário. Nesses casos, cabe à oposição defender a democracia como um sistema baseado na separação de poderes e também apoiar setores da sociedade civil ou da mídia que estejam sendo atacados ou desmobilizados. A contestação por parte da oposição serve, nesse sentido, para reafirmar a legitimidade dos valores democráticos.

Uma outra função da oposição diz respeito ao seu papel em impor custos políticos a ações antidemocráticas ou contrárias ao Estado de Direito. Podemos citar, por exemplo, ações do governo Trump, como a deportação de imigrantes para países como El Salvador, cuja relação com os indivíduos deportados era duvidosa, ou do governo Bolsonaro, com sua postura em relação à vacinação contra a covid-19. A oposição precisa se posicionar nesses casos para que a gestão democrática e o respeito aos direitos prevaleçam.

Por fim, é função da oposição construir alternativas democráticas críveis. No caso brasileiro, um bom exemplo foi a aliança de Lula com Alckmin, adversário histórico do PT e candidato à Presidência contra Lula em 2006. Essa aproximação mostrou que a democracia também pode se expressar em formas construtivas de negociação entre líderes com visões distintas. Ao fazer isso, a oposição fortalece a cultura e os valores democráticos.

É a partir desses elementos que devemos pensar as ações da oposição entre o final de 2019 e a eleição de 2022, que não apenas foram capazes de deter os elementos mais antidemocráticos do bolsonarismo como também de aumentar de tal forma o custo do golpe que obrigou o ex-presidente a desistir de levar a tentativa de golpe até o final. A oposição ao governo Bolsonaro tinha três problemas principais no momento em que ele se tornou presidente. Em primeiro lugar, da perspectiva do principal partido que se opunha a Bolsonaro, o PT, a situação parecia relativamente catastrófica: o partido vinha de um então recente *impeachment* presidencial, de um envolvimento em uma operação de corrupção que levou diversas das suas lideranças à prisão e do processo contra o seu líder inconteste, também preso. Ainda que o processo contra o então ex-presidente Lula tivesse marcas claras de manipulação legal, como mostrou a Vaza Jato,[6] sua prisão retirava da cena política o único líder capaz de fazer sombra a Bolsonaro naquele momento.

Em relação ao PSDB, a situação não era muito melhor. Derrotado de forma fragorosa na eleição de 2018 – com apenas 4,76% dos votos –, e tendo sido derrotado pelo partido Novo na eleição para o governo de Minas Gerais e dominado por João Doria em São Paulo, o partido praticamente se desarticulou. Muitas de suas lideranças deixaram a sigla, entre elas, Geraldo Alckmin e Aloysio Nunes Ferreira. Alguns dias antes da eleição de 2022, o próprio ex-presidente Fernando Henrique Cardoso pediu a desfiliação do partido. Assim, o PSDB naufragou entre o *impeachment* de Dilma e a eleição de Bolsonaro, não tendo tido a capacidade de reverter o quadro de derrotas imposto pelo bolsonarismo.

---

6 "Vaza Jato" é como ficou conhecida a publicação pelo site Intercept Brasil de uma série de conversas feitas em 2019 envolvendo o juiz Sergio Moro e integrantes da força-tarefa da Operação Lava Jato por meio do Telegram.

Ao longo da pandemia de covid-19, firmou-se um fenômeno ao mesmo tempo patético e curioso no Brasil. Por um lado, havia forte oposição às ações adotadas por Bolsonaro naquele momento de crise sanitária, que incluíam atividades públicas, reuniões no QG do Exército em Brasília com o mote "intervenção militar com Jair Bolsonaro", e a prescrição de medicamentos ineficazes contra o vírus da pandemia (Avritzer, 2020). Quando o presidente discursava, ocorriam panelaços em janelas de diversas cidades do país. Ou seja, a necessidade de questionamento apontada por Stepan estava presente ali.

Coube ao então ex-presidente Lula garantir o mais importante elemento definido por Stepan para a contenção do golpe pela oposição: o de apresentar ao país uma alternativa ao líder populista que está buscando deteriorar ou pôr fim à democracia. Lula teve sua sentença anulada e foi liberado da prisão em Curitiba em novembro de 2019, depois que veio à público via Vaza Jato um conjunto de ilegalidades nas condutas do juiz Sergio Moro e a comprovação de colaboração ilegal entre o juiz e o Ministério Público, incluindo a atuação de forma coordenada, sobrepassando divisões institucionais claras, e a validação de provas questionáveis.

A reabilitação judicial da figura de Lula foi possível com a anulação de seus processos, mas sua candidatura tornou-se de fato viável devido às características conciliatórias do seu discurso público. As palavras dele foram: "Aos 74 anos de idade, não tenho no coração lugar para ódio e rancor. [...] Nada nem ninguém vai devolver o pedaço arrancado da minha existência, mas quero dizer que aproveitei esses 580 dias [período em que esteve preso] para ler, estudar, refletir e reforçar meu compromisso com o Brasil e com nosso povo sofrido". À atitude de conciliação seguiu-se a tentativa de construir uma ampla coalização política com partidos do centro e com antigos rivais do PT. A constituição de uma ampla coalizão ao centro para enfrentar Bolsonaro mostrou-se possível. É importante perceber que Alckmin aderiu à coalizão lulista menos para atrair votos do que como alguém capaz de trazer a visão de que disputas passadas não são relevantes quando a democracia está em jogo.

O passo seguinte de construção da coalizão envolveu ações no campo da sociedade civil. Um conjunto de atores capitaneados por dirigentes universitários e agregando setores econômicos e movimentos populares lançou uma carta que alcançou o apoio de mais de um milhão de pessoas, incluindo lideranças do ambiente cultural, intelectuais e pessoas comuns. Realizaram, no dia 11 de agosto de 2022, a leitura da uma carta pública em defesa da democracia no pátio da Faculdade de Direito da Universidade de São Paulo. Uma carta semelhante à que havia dado início ao processo de democratização brasileiro, escrita pelo jurista Godoffredo da Silva Telles em 1977, citada anteriormente neste livro. A carta de 2022 dizia o seguinte: "Ataques infundados e desacompanhados de provas questionam a lisura do processo eleitoral e o estado democrático de direito tão duramente conquistado pela sociedade brasileira. São intoleráveis as ameaças aos demais poderes e setores da sociedade civil e a incitação à violência e à ruptura da ordem constitucional".[7] A carta foi lida simultaneamente em dezenas de cidades brasileiras e consolidou o apoio da sociedade civil à Corte Eleitoral. Foi fundamental para legitimar a ampla coalizão em defesa da lisura das eleições.

O passo essencial para ganhar as eleições foi a aproximação entre PT e antigos membros do PSDB. O elemento central

---

[7] "Carta às brasileiras e aos brasileiros em defesa do Estado Democrático de Direito!" Disponível em: https://direito.usp.br/noticia/3f8d6ff-58f38-carta-as-brasileiras-e-aos-brasileiros-em-defesa-do-estado-democratico-de-direito. Acesso em: 5 out. 2025.

dessa aproximação não foram os votos que Alckmin agregou à candidatura de Lula, mas o da sinalização de que campos políticos diferentes que haviam se enfrentado durante boa parte do período democrático se uniram na operação de salvação da democracia no Brasil (Alckmin foi candidato a presidente duas vezes, em 2006 e em 2018). A aliança entre os dois sinalizou um amplo pacto político que atraiu setores partidários que não haviam votado ou se aliado ao PT anteriormente, realizando aquilo que Stepan denomina de construção de uma alternativa de oposição crível.

Dessa forma, houve, sim, um processo de construção de uma alternativa factível ao bolsonarismo, capaz de atrair a opinião pública e o eleitorado. É verdade que a oposição não foi particularmente exitosa no Congresso, uma vez que a fragmentação do sistema político brasileiro e a forma como se criam maiorias através de distribuição de emendas impedem que as atividades comuns da oposição sejam exercidas no Brasil. Mas não impedem dois outros elementos ressaltados por Stepan: foi a oposição que mostrou para a opinião pública a viabilidade de um programa e de ações de governo diferentes, seja durante a pandemia, seja no que diz respeito à relação com jornalistas ou com o Supremo Tribunal Federal; e foi a oposição que apresentou uma alternativa viável de governo no momento em que o PT optou por ampliar o arco de alianças na candidatura presidencial. Elementos centrais de um processo de reconstrução democrática envolvendo direitos humanos, relação com o Poder Judiciário, políticas públicas inclusivas e proteção ao meio ambiente conquistaram o eleitorado e viabilizaram a derrota de um líder populista de direita com intenções claras de estreitar ou até mesmo pôr fim à democracia no Brasil. No entanto, o desafio de governar o Brasil em um sistema como o do presidencialismo de coalizão não foi possível de ser reconstruído.

Quem salvou a democracia no Brasil

Mostrei neste capítulo que o trabalho de salvar a democracia brasileira coube a diversos atores. Apresentei uma alternativa àquelas concepções que julgam que foi o Congresso e o centrão que impediram o avanço de iniciativas antidemocráticas. Não se trata aqui de desvalorizar os esforços que existiram por parte dessas instituições, mas de qualificá-los de modo a permitir um entendimento mais complexo e abrangente das ações necessárias para derrotar um líder populista de direita que patrocina um golpe de Estado.

Levantei duas variáveis adicionais, as ações da oposição e as ações do Poder Judiciário. No primeiro caso, é fundamental entender que, sem uma vitória eleitoral da oposição em um processo absolutamente singular, no qual Bolsonaro jogou aproximadamente 1% do PIB na economia (Amaral, 2023), o bolsonarismo continuaria governando o país e caminharia para um golpe institucional com mudanças no STF. Assim, o elemento eleitoral e a maneira como a oposição se apresentou como alternativa constituiu o elemento central da estratégia de derrota do bolsonarismo, que assumo aqui ser uma concepção não democrática de política.

Mas vale lembrar que, mesmo depois da derrota eleitoral de 2022, o bolsonarismo não estava nem vencido nem rendido. Sob o pretexto de ter adquirido uma inflamação na perna nos momentos finais da campanha eleitoral, Bolsonaro se isolou no Palácio da Alvorada, de onde imediatamente começou a articular um golpe junto a alguns dos elementos mais radicais do seu *entourage*, como os generais Braga Netto e Augusto Heleno, e outros não tão próximos, como o general Mario Fernandes e um conjunto de coronéis dispostos a fazer o que fosse necessário para que Lula não assumisse o poder. Bolsonaro se aproximou deles porque, como ele mesmo afirmou, "golpe se dá com Forças Armadas, com armamento, com núcleo financeiro, com núcleo político, com apoio de instituições, inclusive fora do Brasil". Apesar de negar, foi exatamente isso que ele fez, encontrando oposição no STF. O Supremo, que no dia da eleição já havia agido no limite, tomou a atitude de antecipar a diplomação do presidente eleito e, por fim, de remover o govenador do Distrito Federal de seu cargo. Em todos os casos, o STF agiu para se contrapor à lógica do golpe, tal como Gabriel Naudé – o discípulo de Maquiavel – o descreve; uma ação súbita e anti-institucional só é possível de ser contraposta por um poder que pode declarar nulas essas ações.

A pergunta final que se coloca é: o que houve no Brasil foi um soluço antidemocrático e golpista ou o Brasil tem instituições, grupos políticos e fortes setores da opinião pública que não são democráticos? Tudo indica, como argumento adiante, que não foi apenas um soluço antidemocrático o que aconteceu no Brasil, mas também não foi uma pneumonia aguda da qual a democracia brasileira não poderia se recuperar. O que tivemos foi um ataque substancial à democracia do qual ela conseguiu se defender de três formas diferentes: por meio de uma ampla coalizão eleitoral; por meio de uma divisão no campo militar que inviabilizou o golpe; e, por fim, por meio de condenações judiciais que cumprirão o papel de conter os futuros arroubos não democráticos da direita brasileira. Todos esses fatores conjuntamente explicam a resiliência da democracia brasileira. Ainda assim, os baixos níveis de satisfação com a democracia, o amplo apoio que o bolsonarismo goza no pós-golpe e o suporte internacional que ele tem recebido com fortes pressões antidemocráticas sobre as instituições brasileiras sugerem que o trabalho de estabilização da democracia no Brasil ainda não chegou ao fim.

CAPÍTULO 4

Da desordem nacional à nova desordem internacional

Desde o pós-guerra, a estabilidade precária da democracia brasileira esteve relacionada ao desenrolar de eventos internacionais que frequentemente buscavam miná-la. Passado o curto período após o fim da Segunda Guerra Mundial, no qual a influência internacional apontava para a construção democrática, o golpe de Estado na Guatemala, patrocinado pelo governo norte-americano em 1954, deu início a uma fase de desestabilização na América Latina. No Brasil, as fortes ambiguidades em relação à democracia, que já haviam se manifestado em 1947 com a proscrição do Partido Comunista e que se ampliaram com as diferentes tentativas de remoção de Getúlio Vargas da Presidência, conectam-se com os ventos antidemocráticos no nível internacional. O golpe de 1964 se encarregou de colocar um fim a essa experiência, associando a ruptura com a democracia no plano interno à agenda regressiva norte-americana no nível internacional.

O período que vai de 1994 a 2016 foi o de maior sinergia entre colaboração produtiva na esfera internacional e construção democrática. Com o fim da Guerra Fria, os Estados Unidos deixam de ter um interesse estratégico imediato nos países da América Latina e uma agenda colaborativa passa a existir entre aquele país e o Brasil. Essa agenda permitiu que momentos democráticos importantes, como a implementação da agenda social da Constituição de 1988, promulgada aproximadamente um ano antes da queda do muro de Berlim, acontecessem sem grandes sobressaltos. A chegada do Partido dos Trabalhadores à Presidência em 2003 durante a administração do Partido Republicano nos Estados Unidos tampouco se constituiu em empecilho para a relação entre os dois países.

A ascensão de Jair Bolsonaro e de uma agenda de direita mudou mais uma vez essa relação, mas, agora, com uma diferença relevante. No início da década passada, surge uma plataforma internacional de direita centrada tanto em atores empresariais norte-americanos, como os irmãos Koch, quanto em alguns atores não empresariais, mas com uma forte agenda antidemocrática, como Steve Bannon. Ou seja, trata-se, em um primeiro momento, de uma agenda internacional paraestatal. No Brasil, atores de direita ou de extrema direita se conectam a atores da extrema direita norte-americana a partir de junho de 2013. Os exemplos são variados: lideranças do MBL (Movimento Brasil Livre), um movimento formado nas manifestações de 2013, conseguem rapidamente o apoio dos irmãos Koch (Morre David Koch..., 2019); o Movimento Estudantes pela Democracia, espelhado na iniciativa norte-americana de mesmo nome, recebeu apoio político importante para disputar alguns diretórios de estudantes no Brasil. Em paralelo, relações indiretas foram estabelecidas entre Bolsonaro e Steve Bannon através de Olavo de Carvalho. Bolsonaro se aproximou do autodenominado filósofo quando um dos filhos do ex-capitão homenageou Carvalho com uma honraria do governo do Rio de Janeiro e foi até os Estados Unidos para lhe entregar. Ali, estabeleceu-se uma relação indireta com Bannon, que já trabalhava com a "teoria do globalismo" (Pena; Laura Juvencio, 2019). Assim, temos uma mudança na forma como os elementos antidemocráticos

– como a teoria de Bannon sobre o insurrecionismo por meio das redes sociais e a reversão democrática – manifestam-se ao adentrarem o campo de direita no Brasil.

Todas essas primeiras relações se estabelecem à margem do Estado e são costuradas por empresários e empreendedores da direita norte-americana que atuaram no Brasil tentando se aproximar das forças de direita em ascensão no sistema político, como MBL e o bolsonarismo. Esses elementos se reforçam à medida que Trump e Bolsonaro chegam à Presidência de seus países. Eleito em 2016, Trump não estabelece imediatamente relações com Bolsonaro, que é alçado a presidente dois anos mais tarde e, então, aproxima-se do trumpismo. Uma reunião feita na casa de Olavo de Carvalho na Virgínia, nos Estados Unidos, é um marco para essa convergência. Aqui, a dimensão da desordem que o bolsonarismo advoga por meio da destruição de instituições e políticas de governo se junta à insurreição das redes sociais patrocinada por Bannon. Não por acaso, Olavo de Carvalho, que parece ser o intermediário da política de destruição, promove o encontro. Também não por acaso, as políticas mais destrutivas ou desordenadoras implementadas pelo bolsonarismo vêm de indicações políticas feitas por Carvalho, para os ministérios da Educação e das Relações Exteriores. Desse modo, o olavismo foi uma forma de resgate da desordem para o campo bolsonarista, e essa desordem se expressou no MEC, no ministério do Meio Ambiente e na área de direitos humanos, em que o objetivo do bolsonarismo foi o de desfazer políticas. Ainda assim, é possível afirmar que o nível de desordem e de ações visando à ruptura completa com a ordem democrática por parte de Trump e Bolsonaro só se tornou visível ao final do governo de cada um deles. O 6 de Janeiro trumpista e o 8 de Janeiro bolsonarista foram a indicação maior dessa ruptura. Depois desses episódios, Bolsonaro e Trump mudaram de posição no interior do campo democrático. Não que eles fossem abertamente democráticos, mas tentavam tensionar a democracia a partir desse campo e buscavam contornar uma certa oposição que ambos tiveram por parte de uma burocracia mais pluralista, especialmente no campo da ciência e da gestão da saúde durante a pandemia, além de tenderem a obedecer a decisões judiciais. A partir das suas derrotas eleitorais em 2020 e 2022, respectivamente, eles se tornaram abertamente antidemocráticos.

Bolsonaro e Trump 2.0: a nova desordem global

Desde suas derrotas e diante da incapacidade de patrocinar um golpe que revertesse as decisões eleitorais desfavoráveis, Trump e Bolsonaro passaram a subverter de forma mais aberta e evidente a ordem democrática. Para isso, adotaram três estratégias principais.

A primeira delas foi a de patrocinar um movimento insurrecionista que atacasse a sede de instituições democráticas centrais; no caso dos Estados Unidos, o Congresso e o Colégio Eleitoral, no caso do Brasil, a sede dos Três Poderes. Esses dois ataques sem paralelo na história dos dois países tinham como objetivo a desvalorização simbólica dessas instituições populares. Após os atos, instalou-se, tanto nos Estados Unidos quanto no Brasil, uma guerra de narrativas com dois objetivos fundamentais: minimizar os elementos antidemocráticos e insurrecionais que aparecem em textos de autores como Steve Bannon (Stan, 2021) e questionar as ações corretivas por parte do sistema político e do Poder Judiciário. No caso dos Estados Unidos, esses elementos insurrecionais e de desrespeito à ordem política apareceram através da recusa das principais lideranças do Partido Republicano em apoiar o *impeachment* do então presidente Trump (Guimón, 2021), ou posteriormente com a não aceitação de decisões judiciais de condenação dos golpistas que invadiram o Capitólio. Por fim, quando Trump é eleito pela segunda vez, em 2024, ele anistia os condenados pelo 6 de Janeiro.

No caso do Brasil, cuja tentativa de sancionar o golpismo ainda está em curso, mas parece muito menos exitosa do que a norte-americana, há dois movimentos simultâneos por parte do bolsonarismo: em primeiro lugar, uma campanha pela anistia dos insurrecionistas do 8 de Janeiro. Essa campanha é relativamente fraca no Brasil, pois há um consenso negativo em relação à depredação das instalações das instituições do Estado brasileiro. O segundo movimento envolve uma campanha internacional com o governo dos Estados Unidos para pressionar o Judiciário brasileiro a não sancionar Bolsonaro por sua tentativa de golpe. Conjuntamente, os dois movimentos colocam uma pressão extraordinária sobre o Judiciário, pressão esta que é ao mesmo tempo nacional e internacional e que também envolve a deterioração das relações econômicas entre o Brasil e os Estados Unidos. E isso ocorre exatamente no momento em que o Judiciário parece capaz de reverter uma longa trajetória de golpismos sem punição.

A segunda estratégia fundamental da nova desordem internacional está relacionada à estrutura do fluxo internacional de informação e à maneira como o conceito de liberdade de expressão é apropriado pela extrema direita. Os Estados Unidos tiveram historicamente uma tradição de liberdade de expressão pouco regulada, bastante diferente daquela vigente nas democracias europeias. A Primeira Emenda no caso norte-americano permitiu ampla liberdade de manifestação – aqueles que argumentam que essa liberdade não tinha limites deixam de considerar o macarthismo e outras incidências relativas à liberdade de expressão durante a Guerra Fria. Ainda assim, a partir dos anos 1960, um caso de antissemitismo no estado de Ohio chega até a Suprema Corte (Brandenburg *versus* Ohio)[8]

[8] Brandenburg *versus* Ohio é um caso que cria precedente na Suprema Corte dos Estados Unidos em relação à liberdade de expressão.

e permite a consolidação de uma concepção bastante ampla de liberdade de expressão. Já neste século, outra decisão da Suprema Corte americana terá um enorme impacto. Trata-se da decisão sobre financiamento de campanha conhecida como Citizens United, que estende o domínio da liberdade de expressão para as corporações. Segundo a decisão, a Primeira Emenda garante que o sistema político não pode limitar o discurso dos indivíduos nem do assim chamado "*corporate speech*", que é a capacidade de as empresas se expressarem. Assim, há uma ampliação claramente controversa do conceito de liberdade de expressão, que, a partir do segundo governo Trump, passa a ser defendida abertamente pelo governo e pelo Departamento de Estado – a instituição afirmou, após as medidas restritivas impostas a Bolsonaro em 2025, que prisão domiciliar é um abuso dos direitos humanos e uma tentativa de silenciar a oposição (Ionova, 2025). Assim, chegamos a um ponto em que a defesa ou o ataque à democracia vincula-se à defesa da liberdade de expressão, moldada por um elemento ligado às plataformas de redes sociais. A primeira nota do governo Trump sobre o processo contra Jair Bolsonaro já continha essa ilação ao afirmar que: "Devido em parte aos ataques insidiosos do Brasil às eleições livres e aos direitos fundamentais de liberdade de expressão dos americanos (conforme recentemente ilustrado pela Suprema Corte brasileira, que emitiu centenas de ordens de censura SECRETAS e ILEGAIS às plataformas de mídia social dos EUA, ameaçando-as com milhões de dólares em multas e despejo do mercado de mídia social brasileiro), a partir de 1º de agosto de 2025, cobraremos do Brasil uma tarifa de

---

Uma entrevista racista e antissemita de um membro da Ku Klux Klan em Ohio é retirada do ar. A Suprema Corte reverte o caso e cria a doutrina do risco iminente. Discursos de ódio apenas são sancionados quando geram consequências. Se não, eles podem ser aceitos.

50% sobre todo e qualquer produto brasileiro enviado para os Estados Unidos" (Prazeres, 2025).

Assim, o ponto central que parece fundamentar a política norte-americana em relação ao Brasil é a concepção de liberdade de expressão dos americanos. Note-se que, neste caso, trata-se fundamentalmente da postagem de falas e notícias nas redes sociais no Brasil, que passam a ser consideradas atentados à liberdade de expressão nos Estados Unidos.

Alguns órgãos de imprensa importantes no Brasil reverberam o conceito norte-americano de liberdade de expressão. A *Folha de S.Paulo*, em editorial de 5 de agosto de 2025 com o sugestivo título de "Bolsonaro tem direito à livre expressão", afirma que "com a mesma firmeza que impôs o império da lei a esse aventureiro do autoritarismo, o Brasil deve reconhecer que Jair Bolsonaro detém ampla liberdade de se defender na Justiça e de se expressar onde quer que seja, inclusive nas redes sociais". Com isso, passamos a ter uma defesa por parte da imprensa de uma concepção de liberdade de expressão irrestrita, que permite enquadrar ações de defesa da democracia como antidemocráticas. Nesse sentido, há uma certa associação entre o novo insurrecionismo das redes sociais defendido por Steve Bannon e a defesa distorcida dessa liberdade que não apenas internacionaliza a decisão sobre o que pode ser veiculado nas redes como também privatiza essa decisão, transferindo-a para os donos das grandes plataformas de redes sociais. Esse cenário mostra uma clara deterioração do ambiente democrático, que tem origem internacional e que estabelece uma sinergia com aqueles que atacam a democracia mudando o próprio conceito de ordem política legal.

Por fim, a terceira estratégia é, como no caso dos Estados Unidos, a captura das instituições de coerção e o uso político das relações internacionais. Já no governo Bolsonaro havia ocorrido uma tentativa de controle das instituições de coerção com a perspectiva de transformá-las em auxiliares do projeto político de extrema direita. Nesse caso, o ex-presidente esbarrou em dois empecilhos para realizar seu desejo: o ex-juiz Sergio Moro, que percebeu que o controle da Polícia Federal tinha como objetivo a impunidade dos familiares do então presidente, e a posição do STF (Supremo Tribunal Federal) apontando que a nomeação de Alexandre Ramagem para a Polícia Federal poderia ser considerada desvio de finalidade (Ministro Alexandre de Moraes suspende nomeação..., 2020). O segundo governo Trump adota a mesma estratégia e tem como objetivo conseguir o controle absoluto das forças de segurança para bloquear a influência do poder judicial sobre o aparato de coerção. Para isso, ele assume abertamente a politização de lugares centrais do aparato de segurança norte-americano, como o FBI, e reforça a blindagem do ICE (Immigration and Customs Enforcement, organismo norte-americano de controle da imigração e da alfândega) em relação ao poder judicial. A estrutura do ICE já há algumas décadas conta com juízes vinculados ao Poder Executivo, mas abre a possibilidade de reverter essas decisões no Poder Judiciário *stricto sensu*. O governo Trump viola todos os elementos de submissão da política migratória ao poder judicial ao mesmo tempo que anula todos os elementos de pluralismo no exercício das atividades coercitivas do Estado, desvinculando-as do Estado de Direito.

Mas o elemento que mais chama a atenção é o uso de uma forma de retaliação comercial para pressionar politicamente países, em especial, o Brasil. O presidente dos Estados Unidos escreveu uma carta a Lula em que anunciou a imposição ao país de uma tarifa extra de 50% sobre as importações oriundas do Brasil em virtude de um conjunto de elementos políticos. Em sua argumentação, Trump afirma ter conhecido Bolsonaro e o respeitar muito, "assim como a maioria dos outros líderes de países". E continua: "A forma como o Brasil tem tratado o ex-presidente Bolsonaro, um líder altamente respeitado em todo o mundo durante seu mandato, inclusive pelos Estados Unidos, é uma vergonha internacional. Esse julgamento [no STF] não deveria estar ocorrendo. É uma caça às bruxas que deve acabar IMEDIATAMENTE!" (Prazeres, 2025).

Em seguida ele anuncia sanções baseadas em dois tipos de legislação: a primeira lei entre as que permitiram as tarifas impostas ao Brasil está fundamentada em uma norma de 1977, conhecida como Lei de Poderes Econômicos de Emergência Internacional ("International Emergency Economic Powers Act", IEEPA). De acordo com essa legislação, o presidente dos Estados Unidos adquire um conjunto de poderes para regular transações financeiras e comerciais ao declarar uma emergência nacional. Com base nessa declaração, a lei autoriza o presidente a lidar com ameaças incomuns ou extraordinárias originadas fora do país. Trump utilizou esse ato em 2 de abril de 2025 para decretar emergência e justificou da seguinte forma: "Os grandes e persistentes déficits anuais na balança comercial de bens dos EUA levaram ao esvaziamento de nossa base industrial; resultaram na falta de incentivo para aumentar a capacidade industrial nacional avançada; minaram cadeias de suprimentos críticas; e tornaram nossa base industrial de defesa dependente de adversários estrangeiros". O presidente Trump invocou sua autoridade sob a Lei de Poderes Econômicos de Emergência Internacional para lidar com a emergência nacional representada pelo grande e persistente déficit comercial (The White House, 2025). No entanto, o problema óbvio é que o Brasil não se encaixa no texto da declaração de emergência, porque os Estados Unidos têm um superávit comercial com o Brasil.

Vale a pena observar que o governo Trump insinuou na carta ao presidente Lula "que o STF viola direitos de expressão de empresas norte-americanas", o que justificaria inclusive o acionamento da chamada Lei Magnitsky e a aplicação de um conjunto de sanções financeiras a indivíduos.

Mas vale lembrar que a Lei Magnitsky só pode ser usada quando comprovada a seguinte condição: que o indivíduo sobre o qual se impõe a exclusão do sistema financeiro tenha responsabilidade ou cumplicidade em assassinato, tortura, violações graves dos direitos humanos ou envolvimento em atos significativos de corrupção.

Duas questões são importantes de serem discutidas em relação à carta de Trump: a associação entre política comercial e política partidária e o uso, pelo governo dos Estados Unidos, do argumento de que políticas de combate a *fake news* violam direitos de empresas norte-americanas. A primeira questão constitui, evidentemente, a defesa de Bolsonaro pelo presidente dos Estados Unidos. Ainda que já tenha havido no passado momentos nos quais outros países se posicionaram em relação a aspectos da política interna brasileira, essas questões jamais envolveram políticas partidárias ou defesa de concepções políticas específicas. A suposta violação dos direitos humanos que o Brasil estaria cometendo, de acordo com a carta, é um processo repleto de evidências e com amplo direito de defesa. A suposta violação da liberdade de expressão que o Brasil estaria cometendo é um entendimento extremamente polêmico da Suprema Corte dos Estados Unidos, decidido por uma maioria precária e fortemente contestado no próprio país por romper com quase cem anos de regulamentação da propaganda eleitoral. Mas, ainda que essa decisão seja válida nos Estados Unidos, ela não é válida em diversos outros países democráticos, inclusive no Brasil. Assim, temos uma concepção de produção internacional da desordem ou da conexão de questionamentos nacionais das legislações existentes com o objetivo de criar uma nova desordem internacional.

A segunda questão diz respeito à liberdade de expressão e à coibição das *fake news*. O uso dessa prática na política tem uma longa história no Brasil e no mundo. Como exemplo, vamos lembrar dos documentos do Pentágono sobre a Guerra do Vietnã divulgados pelo *New York Times* e que deu origem a um importante ensaio da filósofa Hannah Arendt. Tratou-se na época de uma tentativa de manipulação da opinião pública promovida pelo governo dos Estados Unidos (Arendt, 1971). Aqui, temos duas mudanças importantes: a primeira é uma passagem do Estado para o mercado como elemento de veiculação de informação falsa, um fenômeno novo que colide com certa ideia de liberdade de informação. Esse fenômeno se torna mais grave porque se associa a uma tentativa de questionar instituições capazes de produzir conhecimento e legitimá-lo por algum método público, como é o caso das universidades e do conhecimento científico. As novas formas de produção de conhecimento frequentemente falso têm novas formas de validação, como é o caso de algoritmos de redes sociais e de *likes* e compartilhamentos. Mas o mais importante nessas novas formas de produção de notícias é que elas fazem parte de um modelo de negócio de plataformas de redes sociais, ou seja, o importante não é mais se a notícia é verdadeira, mas como ela se conecta com o modelo de negócio das plataformas e permite o aumento do número de seguidores de determinados *influencers* e/ou políticos. No caso do governo Trump, ele defende a legalidade internacional desse modelo sob o argumento de que coibi-lo significa afetar a liberdade de expressão.

Assim, é possível argumentar que existe uma nova desordem internacional que questiona os elementos do Estado de Direito e da soberania democrática no Brasil, construídos com muita contenciosidade. No momento em que ocorre certa recuperação de um consenso democrático mínimo de que tentativas de golpe de Estado, como o organizado por Jair Bolsonaro, têm que ser punidas, temos uma pressão internacional que se associa a uma forte pressão realizada pelo Congresso Nacional e pela base social bolsonarista.

A associação entre uma nova desordem local e uma nova desordem internacional cria um desafio particular para a construção democrática brasileira. Os últimos quarenta anos de vida democrática foram desafiadores apenas com as variáveis locais. A ascensão do bolsonarismo e a falta de perspectiva de colocar fim a esse desafio acentuaram os dilemas democráticos enfrentados pelo país. A importação dos impulsos antidemocráticos do trumpismo para o Brasil agravou esses dilemas. Ainda que a reação à aplicação da Lei Magnitsky no Brasil tenha sido forte, e ainda que o governo tenha conseguido amealhar um apoio significativo na reação às agressões internacionais sofridas, houve uma desestabilização do campo político. O Congresso Nacional é por excelência o lugar em que essa desestabilização ocorre, por meio da quase maioria que quer impor uma anistia inconveniente, capaz de oferecer um sinal verde a todos aqueles que queiram patrocinar golpes de Estado no futuro.

Assim, a democracia, seja pela via interna, seja pela externa, segue sendo um projeto contencioso no Brasil. Oitenta anos depois de 1946, ano decisivo da primeira experiência democrática, teremos em 2026 mais um momento decisivo da luta de longo prazo pela democracia no país. Tudo indica que o novo equilíbrio que a democracia brasileira precisa para se consolidar depois de cem anos de disputas políticas não será fácil de ser alcançado e implicará idas e vindas nas relações entre os poderes. Estabilizar essa relação a partir de seus elementos internos e soberanos constitui a melhor resposta às tentativas de exportação da desordem que o governo Trump pretende realizar. Mais uma vez, a tarefa hoje, tal como ontem, é organizar a desordem para produzir ordem nos nossos próprios termos.

CONCLUSÃO

O julgamento e o futuro da democracia

O julgamento de Jair Bolsonaro no Supremo Tribunal Federal em 2025 constitui uma nova etapa na trajetória da democracia brasileira. Não é de pequena monta o fato de a disputa política brasileira ter passado do campo eleitoral para o campo judicial e que a decisão sobre se houve golpe e qual a punição cabe aos que tentaram organizá-lo tenha migrado do sistema político para o judicial. Hannah Arendt, em um contexto muito mais grave, o julgamento de Adolf Eichmann em Jerusalém, lembrou algumas características do ato de julgar: uma delas é a capacidade de discutir, através de regras preestabelecidas (neste caso, a lei de defesa do Estado Democrático de Direito), as ações de diferentes indivíduos. A maior filósofa do século 20 também lembrou naquela ocasião que o ato de julgar envolve discussões e comunicações travadas em público. No caso do julgamento de Bolsonaro e dos outros sete membros do núcleo duro da tentativa de golpe, o Brasil seguiu o julgamento em tempo real.

O primeiro ponto importante a ser ressaltado no julgamento é que, diferentemente de alguns líderes autoritários e/ou totalitários do século 20 (nesse caso, Mussolini e Hitler), o ex-presidente argumentou que não tentou dar um golpe. Em diversas oportunidades, sua defesa afirmou que não houve golpe porque não houve a consumação das ações golpistas por parte do presidente e dos seus comandados militares. Expressando a ideia de Hannah Arendt de que o ato de julgar, ao se desenrolar em público, permite um debate de ideias que esclarece a opinião pública, a afirmação do Procurador-Geral da República, Paulo Gonet, sobre a natureza das ações que caracterizam um golpe foi de suma importância. Para Gonet, "não é preciso esforço intelectual extraordinário para reconhecer que, quando o presidente da República e, depois, o ministro da Defesa, convocam a cúpula militar para apresentar documento de formalização de golpe de Estado, o processo criminoso já está em curso. Não se está em ambiente inofensivo de conversa entre quem não dispõe de meios para operar [um golpe]". Assim, o próprio debate público do julgamento confirmou aquilo que se discutiu anteriormente neste livro, que ações concretas em direção ao golpe ocorreram no Brasil entre os dias 6 e 14 de dezembro de 2022. Parafraseando o procurador, quando um presidente convoca chefes militares, que, a princípio, são seus inferiores hierárquicos, para chancelar uma proposta de golpe, o golpe já está em curso.

O julgamento ocorrido entre os dias 2 e 11 de setembro permitiu que se inserisse a tentativa bolsonarista de golpe em uma trajetória de atentados contra a democracia, que, espera-se, tenham chegado ao fim. Como argumentei no Capítulo 1, a democracia brasileira entre 1930 e hoje esteve dependente de enfrentamentos a golpes elaborados supostamente para conter a desordem a partir de pactos entre as elites. Os de 1937 e 1964 foram golpes consumados, ao passo que 1955, 1961 e 2022 foram momentos em que elites políticas e militares pensaram em romper com a ordem democrática legal e não conseguiram. Mais uma vez seguindo a ideia de Hannah Arendt, o julgamento é um momento público de rememoração para que a opinião pública possa refletir criticamente sobre a tradição de golpes de Estado. Nesse sentido, as palavras proferidas pelo ministro Alexandre de Moraes na abertura do julgamento do caso no STF foram expressivas. Para ele, "o país e sua Suprema Corte só têm a lamentar que mais uma vez na história republicana brasileira se tenha novamente, mais uma vez, tentado um golpe de Estado atentando contra as instituições e a própria democracia, pretendendo-se um Estado de exceção e uma ditadura", afirmou, no início da leitura do relatório.

Meu argumento, esboçado no Capítulo 1, é que o Brasil vive uma disputa democrática. Dois questionamentos político-sociais se tornaram estruturantes no impasse enfrentado pelo projeto: o golpe de 1964 e, mais recentemente, o bolsonarismo. Ambos tiveram o mesmo sentido, o de impedir uma forma de desenvolvimento que podemos denominar de "democracia com inclusão". O golpe de 1964 implementou essa ruptura com o projeto modernista de forma mais radical, mobilizando inicialmente os militares, mas também rompendo com os elementos políticos mais importantes da ordem que vinha sendo gestada ao cassar políticos como Juscelino Kubitschek e Carlos Lacerda, ao perseguir intelectuais como Darcy Ribeiro, Celso Furtado e Fernando Henrique Cardoso, e ao pôr fim a experiências fundamentais de inclusão, como o Teatro Experimental do Negro, a UNE (União Nacional dos Estudantes) e as Ligas Camponesas, entre outros. Assim, houve a interrupção de um processo que se situava mais na sociabilidade do que na política, mas que tentava conectar as duas dimensões.

O bolsonarismo opera com um nível de ruptura menor em relação à institucionalidade democrática, o que inclusive permite que alguns cientistas políticos questionem esse fato. De um lado, tal como diversas outras formas de regressão democrática que se tornaram comuns nas democracias contemporâneas (Levitsky; Ziblatt, 2018), o bolsonarismo não questiona as instituições democráticas em si, mas tenta capturar a sua operacionalidade através de manipulações ou ameaças. Esse foi o caminho que o movimento trilhou até as eleições de 2022, quando mudou de estratégia e tentou voltar a um golpe de Estado semiclássico, com eleições e mudança institucional radical seguidas de violência – se necessário por meio de uma GLO (Garantia da Lei e da Ordem) ou da decretação de estado de sítio.

No segundo dia de julgamento, foi instrutiva a interrupção feita pela ministra Cármen Lúcia durante a defesa do ex-ministro da Defesa Paulo Sérgio Nogueira. O advogado havia dito que "seu cliente teria atuado para demover o presidente da República". Coube à ministra pedir esclarecimento: "Demover de quê?" – o que obrigou a defesa a responder que seu cliente "atuou para impedir a adoção de qualquer medida de exceção". A atuação da ministra comprova um elemento arendtiano da ideia de julgamento, o de que os indivíduos podem formar o seu próprio julgamento em público. Assim, a partir do esclarecimento dado pelo advogado do ex-ministro da Defesa, os brasileiros que assistiam e buscavam formar sua opinião sobre as ações do governo Bolsonaro a partir do julgamento tiveram a oportunidade de perceber que se tratou, sim, de uma tentativa de golpe.

No que diz respeito ao processo desigual e instável de construção democrática no Brasil, temos uma grande novidade que dá fôlego a um otimismo cauteloso. Jamais nos últimos cem anos a defesa da democracia no Brasil foi tão vigorosa. No seu editorial no dia 2 de setembro, início do julgamento da trama golpista, o jornal *O Estado de S. Paulo* ressaltou que se tratava do "julgamento mais importante da história do STF". Se pensarmos nos diferentes atentados sofridos pela democracia brasileira entre 1946 e 1964, como a campanha pela proscrição do Partido Comunista, os episódios que levaram ao suicídio de Getúlio Vargas, o golpe de 1964, a edição do AI-5, e os colocarmos em perspectiva, é possível afirmar que a quantidade e a qualidade dos defensores da democracia neste momento são inéditas. A diferença reside mais na qualidade dos atores que defendem a democracia do que em sua quantidade, uma vez que as pesquisas do Instituto da Democracia indicam um grupo significativo de brasileiros que, em alguma circunstância, seria favorável a um golpe de Estado (Instituto da Democracia, 2018; 2024).

Este parece ser o grande diferencial da conjuntura 2022-2026: a força da coalizão antigolpista no Judiciário e na sociedade civil, além do Poder Executivo e da mídia. Essa parece ser uma coalizão inédita, que começou com aquilo que faltou em 1964, isto é, a aliança entre forças políticas distintas, que haviam disputado entre si o poder em diversas eleições. A união que ocorreu em 2022 teve a capacidade de derrotar um líder populista de direita enquanto ele não só estava no poder como também mudava as regras do jogo eleitoral a seu favor por meio de novos gastos, como um auxílio emergencial aprovado por sua base política. Ela também conseguiu algo que as forças democráticas não conseguiram em 1935-1937 nem em 1964, a saber, o apoio do Poder Judiciário às regras do jogo democrático. Diversas tentativas de mover o STF para que este contivesse os elementos não democráticos do varguismo nos anos 1930 fracassaram. Esse também foi o caso em 1964, quando os golpistas contaram com a presença do presidente do STF ocupando o cargo supostamente "vago" de presidente na tentativa de dar uma aparência legal ao golpe de Estado. Assim, o fato de um Poder Judiciário com prerrogativas ampliadas pela Constituição de 1988 ter saído em defesa da ordem democrática e da sua própria independência também constitui um diferencial da atual conjuntura. Em seu voto proferido em 9 de setembro de 2025, o ministro Alexandre de Moraes destacou momentos na história do Brasil em que governantes legitimamente eleitos foram retirados do seu cargo sem que houvesse qualquer consequência legal. O ministro lembrou uma longa tradição que teria começado pouco depois da Independência com a chamada "noite da agonia", quando Dom Pedro I fechou a Assembleia Constituinte, esse tendo sido um atentado contra a representação e contra o ato primário de estabelecimento de limites ao exercício do poder que é a institucionalização do seu exercício por uma Assembleia Constituinte. Foram muitos os atos que se seguiram aos arroubos autoritários do primeiro governante do Brasil independente, entre eles o golpe de 1930 (contra uma eleição fraudada, o que não o tornou mais legítimo). Mas o golpe mais significativo foi o de 1964 e, tal como lembrou o ministro Alexandre de Moraes em seu voto, os Atos Institucionais n.º 2 e n.º 5 atacaram diretamente a independência do Poder Judiciário. A condenação de Jair Bolsonaro e dos militares e civis do núcleo golpista, dessa forma, abre um novo capítulo na história do Brasil. Nesse sentido, tal como afirmou Cármen Lúcia, a ação penal e a condenação do ex-presidente Jair Bolsonaro representam o encontro do Brasil com seu passado, seu presente e seu futuro. O que diferencia o presente do passado é que a democracia no Brasil tem mais e melhores defensores.

Mas houve mudanças no campo semidemocrático ou não democrático. O maior problema enfrentado pela democracia brasileira atualmente é a nova base social do bolsonarismo que hoje hegemoniza a extrema direita que vai muito além do próprio Bolsonaro (Couto, 2025). A inclinação claramente antidemocrática do bolsonarismo criou um novo problema para o qual a sociedade e as instituições políticas têm dado soluções parciais e, provavelmente, insatisfatórias. Em primeiro lugar, há a resposta coercitiva – que desempenha um papel relevante, mas não deve se tornar a única resposta da sociedade e do Estado brasileiro às atitudes antidemocráticas de um amplo grupo – presente em todas as regiões do país e que se caracteriza por baixa escolaridade e renda. Evidentemente, atos e delitos como os cometidos no 8 de Janeiro têm que ser punidos, e é papel do Estado moderno fazê-lo, mas também é preciso que provoque preocupação entre aqueles que defendem a democracia. A capacidade que o bolsonarismo teve de penetrar os grupos religiosos e setores de baixa renda não surpreende, ainda que chame a atenção a capacidade do ex-presidente em manter esse apoio depois das fortes evidências de corrupção e organização do golpe. Derrotar o bolsonarismo implicará trazer para o campo democrático as massas que aderiram à antipolítica ou a um padrão antidemocrático de comportamento devido à polarização política, entre outros motivos. A legitimação da democracia se torna mais precária quando não conta com o apoio de segmentos significativos da população.

A forte inserção de bolsonaristas no nível local mudou a configuração do Legislativo brasileiro, que se tornou muito mais conservador. A bancada do PL, com 95 membros, é a maior da Câmara dos Deputados e se associa a outras bancadas maiores quando se pensa na federação União Brasil-PP, com pouco mais de 100 parlamentares. Ainda temos outros partidos no campo conservador, como é o caso do Republicanos, que elegeu 41 deputados federais em 2022. Assim, uma bancada significativamente conservadora alcança aproximadamente metade dos votos da Câmara dos Deputados. Até aí, não há nada a se comentar a não ser que tal fato expressa a vontade dos eleitores. No entanto, quando essa bancada propõe o projeto de anistia, passamos do campo do conservadorismo para o do reforço de ações antidemocráticas. O projeto de anistia proposto pelo deputado do PL major Vitor Hugo e incorporado a diversos outros projetos com conteúdo similar "concede anistia a todos os que tenham participado de manifestações em qualquer lugar do território nacional do dia 30 de outubro de 2022 ao dia de entrada em vigor desta Lei, nas condições que especifica" (ementa do Projeto de Lei n.º 2.858/2022). Ele recebeu pedido de urgência e apoio do PL, do União Brasil e do PP. No entanto, o mais grave foi a entrada do mais forte pré-candidato à Presidência pela oposição, o governador de São Paulo, Tarcísio de Freitas, na articulação pela anistia. A tentativa de Tarcísio teve como objetivo sinalizar simultaneamente em duas direções: a da inelegibilidade de Bolsonaro, que continuaria vigente, e a de uma anistia para ele e para os participantes dos atos de vandalismo do 8 de Janeiro. Mesmo em sua versão mais moderada conhecida como o "PL da dosimetria". Ainda que nessa versão os crimes e as condenações permaneçam, causa estranheza a força de uma proposta como essa no parlamento brasileiro.

Ainda que do ponto de vista eleitoral o movimento de Tarcísio Freitas, Aécio Neves e Michel Temer faça sentido, a mensagem que isso passa sob o ponto de vista da tentativa ainda incompleta de fortalecer a democracia e punir aqueles que atentam contra ela é que é o problema. Tal como afirmou Moraes na abertura do julgamento no STF, "a pacificação do país depende do respeito à Constituição, da aplicação das leis e do fortalecimento das instituições, não havendo possibilidade de se confundir a saudável e necessária pacificação com a covardia do apaziguamento, que significa impunidade e desrespeito à Constituição Federal". Para ele, esse apaziguamento representa semear novas intentonas, "significa incentivo a novas tentativas de golpe de Estado".

Não deixa de ser positivo o fato de diversas associações da sociedade civil, além da grande mídia, terem se posicionado contra a anistia articulada pelo governador de São Paulo.

Em editorial no dia 3 de setembro, o jornal *O Globo* afirmou que "quem defende livrar Bolsonaro e os demais réus adota um discurso segundo o qual só a anistia traria 'pacificação' ao país. Ora, trata-se de um discurso vazio. Anistiar condenados pelo crime de golpe de Estado não leva a pacificação nenhuma, muito pelo contrário. Revigora quem defende a destruição do Estado democrático de Direito".

Também parece alimentar a disputa entre democracia e antidemocracia no Brasil a abertura de uma divergência que julgou como nulo o processo. Em seu voto, o ministro Luiz Fux discutiu o foro sob o ponto de vista das prerrogativas dos ex-presidentes ao afirmar que "a competência para o julgamento do presidente de República sempre foi e continua sendo o plenário da Casa". O voto de Fux, contraditório em relação à sua posição em julgamentos de outros réus do 8 de Janeiro, abre espaço para um conjunto de mobilizações tanto no Congresso quanto nas bases sociais bolsonaristas. Mobilizações pela anistia discutidas anteriormente agora podem ser associadas a posicionamentos pela nulidade do processo que, por sua vez, poderão adentrar o processo eleitoral de 2026, uma vez que o próximo presidente da República irá indicar pelo menos três novos ministros do STF. Assim, o julgamento do ex-presidente Jair Bolsonaro e sua condenação a 27 anos e 3 meses de prisão termina com um fechamento parcial. Podemos afirmar que termina com uma situação antiarendtiana, pois um juiz com uma posição divergente ancorada em um apoio significativo no parlamento ampliou o escopo da divergência ao colocar a questão da nulidade. Com isso, ampliam-se as possibilidades de ações institucionais e extrainstitucionais a favor do ex-presidente, já que a questão da nulidade está colocada nos autos, ainda que de maneira minoritária. Uma vez que há forte pressão no Congresso pela anistia e por uma nova dosimetria das penas, ambas as possibilidades podem virar tema de campanha e, em vez de termos a produção de uma nova estabilidade democrática, teremos em 2026 uma polarização que relativizará os importantes resultados de um julgamento histórico de tentativa de golpe de Estado. Para aqueles que se preocupam com o futuro da democracia no Brasil, o resultado extremamente positivo do julgamento se enfraquece na medida em que um dos ministros da Corte Suprema considera os procedimentos nulos.

Assim, temos uma novidade e uma continuidade no que diz respeito aos comportamentos em relação à democracia e às tentativas de aboli-la. A novidade é o que foi escrito anteriormente: a democracia no Brasil tem defensores e defensores institucionais de peso, que estão dispostos e são capazes de sancionar aqueles que atentam contra a ordem democrática. Já a continuidade está entre aqueles que procuram acordos de elites e pactos para não sancionar os atos executados contra a ordem democrática. A atitude do ministro Fux fortalece esse campo aos 45 minutos do segundo tempo dos procedimentos judiciais. Ainda que algum tipo de anistia seja aprovado, as reações no campo do Executivo, do Judiciário, da sociedade civil e da grande mídia serão suficientes para apontar para a opinião pública o equívoco em deixar de punir a tentativa de golpe de Estado na primeira oportunidade que se abre em mais de sessenta anos. De todas as formas, a própria opinião pública tem se expressado contra a anistia proposta e, principalmente, contra propostas de blindagem de parlamentares que têm circulado no Congresso Nacional. A pesquisa do Datafolha publicada em 1 de agosto mostra que a maioria dos brasileiros (55%) é contra anistiar envolvidos nos atos golpistas. Apesar de essa ser a posição de mais da metade da população, o índice de rejeição à proposta já havia alcançado a máxima de 63% em março do ano passado. Assim, não há dúvida de que o Brasil ainda transita entre democracia e não democracia, ordem e desordem. Esse enfrentamento vai continuar e alcançará o seu ápice em 2026, quando, mais uma vez, o enfrentamento político eleitoral envolverá todas as questões trabalhadas neste livro. Em vez de afirmações peremptórias que podem não se confirmar, termino esta reflexão com a oferta de cenários possíveis.

A perspectiva mais favorável seria aquela em que Bolsonaro, condenado a 27 anos e 3 meses de prisão pelo STF por tentativa de golpe de Estado, sai permanentemente da cena política. Entretanto, mesmo com a condenação, isso não parece provável. Tal como afirmou *O Estado de S. Paulo* em editorial no dia 13 de setembro, a condenação não significa que "estes dejetos da democracia tenham sido eliminados da vida nacional". Caso de fato seja possível retirar o ex-presidente da vida política, na sequência deveria ocorrer a normalização do sistema político brasileiro, que voltaria a ter um centro político capaz de garantir a governabilidade. Mas, mais uma vez, a volta patética de Aécio Neves e Michel Temer como possíveis lideranças centristas mostra as dificuldades da emergência de um novo centro no Brasil. Esse cenário também teria que envolver uma normalização da relação entre os Três Poderes, com o STF voltando a operar dentro de um panorama mais claro de divisão de poderes. Esse enquadramento enfrenta diversos problemas para se realizar, o primeiro deles sendo os novos ataques que o STF e o ministro Alexandre de Moraes sofreram ao longo do julgamento. Moções de repúdio a Moraes, como a da Câmara dos Vereadores de Belo Horizonte, ou ameaças veladas de coerção, como a afirmação da Embaixada dos Estados Unidos no Brasil de que não terá medo de usar seu "poder econômico e militar", mostram que a saída de cena de Bolsonaro não será um processo rápido. Temos um segundo problema, que Steve Bannon denomina de "insurrecionistas das redes sociais"; indivíduos que, no Brasil, possuem a capacidade de passar das redes sociais para as ruas, como vimos no 8 de Janeiro em Brasília. Para que o desfecho desse cenário seja positivo, seria preciso conter essas forças e consolidar a disputa política em um campo civilizado, sem ataques infundados e discursos de ódio. Neste momento, logo após a condenação de Bolsonaro, esse cenário, que incluiria a reorganização das forças de centro e a volta a um funcionamento normal do Legislativo e do Judiciário, parece bastante improvável.

Já o cenário mais desfavorável seria a anistia aos golpistas, mesmo que na sua forma de mudança da dosimetria das penas. Ainda que, no momento em que este livro é escrito, esse cenário não seja o mais provável, é preciso considerar que a pressão nacional e internacional se tornou mais forte durante o próprio julgamento no STF e se associou ao pedido de impunidade/anistia aos golpistas. Essa perspectiva incluiria não só uma forte instabilidade na relação entre os Três Poderes como também significativas concessões por parte do Judiciário em processos já julgados ou que envolvam os principais planejadores e executores da arquitetura do golpe forjada de dentro do Palácio do Planalto. Se, de fato, esses setores tiverem força para reverter condenações judiciais, voltaremos a uma conjuntura semelhante à do final dos anos 1950 e início dos anos 1960, quando a possibilidade de dar um golpe era discutida cotidianamente (Santos, 2025). Esse parece ser o cenário menos factível devido a um conjunto de fatores, entre eles a aparente pouca disposição dos Estados Unidos para, mesmo pressionando, tomar medidas mais concretas nessa direção – há outras prioridades na política externa do governo Donald Trump, voltadas principalmente para a contenção da China e a normalização das relações com a Rússia. Além disso, tudo indica que, para as Forças Armadas brasileiras, o custo de se engajar em uma nova aventura golpista depois de terem sido capazes de abortar o golpe de 2022 seria alto demais. Um novo golpe teria um preço, independentemente de contar com apoio de Trump, que certamente seria limitado no tempo e prescindiria de outros atores relevantes da Europa. Assim, a possibilidade de defender a anistia parece continuar limitada a dois atores, a direita e a extrema direita do Congresso, cujos membros, após a prisão domiciliar de Bolsonaro em agosto de 2025, engajaram-se em um motim e ocuparam a mesa da Câmara, mas que têm sofrido forte pressão nas redes sociais e nas ruas. Não parece que, isolados dos outros atores, esses congressistas tenham força para pautar a conjuntura, ainda que ela dependa do resultado das eleições de 2026 e possa se alterar com a vitória de um candidato de centro-direita – o que, neste momento, também parece improvável.

Existe, por fim, uma terceira possibilidade, que parece ser a mais factível: a combinação dos dois cenários anteriores. Tudo indica que as punições aos golpistas e aos elaboradores da minuta do golpe que participaram das reuniões de 7 e 14 de dezembro de 2022 irão prevalecer. Também é esperado que os deputados da extrema direita se vejam obrigados a se contentar com algo menor do que uma anistia, aceitando o que seria um "*second best*", ainda que as manifestações contra a PEC da Blindagem, em setembro de 2025, tenham inviabilizado a proposta preferida do centrão e da extrema direita. Tudo indica, ainda, que a gestão de Hugo Motta na Câmara será um pouco mais fraca do que a de Arthur Lira, o que favoreceria uma acomodação na relação entre Executivo e Legislativo, ainda que o controle mais fraco exercido por Motta sobre a base política do centrão não permita assegurar tal fato. De toda forma, a estabilização da democracia brasileira exige também um Executivo mais forte. Efeitos esperados e não esperados das mudanças institucionais da segunda década do século 21, tais como a impositividade de emendas (esperado) e o financiamento público de campanha (não esperado), enfraqueceram o Poder Executivo, que, na tradição brasileira, é mais ativo e com projeto de país. Recuperar prerrogativas do Executivo é importante, assim como manter as novas prerrogativas adquiridas pelo Judiciário. O caminho da construção democrática brasileira, que se fortaleceu no segundo semestre de 2025, apesar de ainda mostrar-se longo e incerto, parece contar com mais defensores do que em qualquer outro momento desde que a crise da nossa democracia teve início, em 2013.

REFERÊNCIAS

Acemoglu, Daron; Robinson, James. *Por que as nações fracassam: as origens do poder, da prosperidade e da pobreza*. Rio de Janeiro: Intrínseca, 2022.

Amaral, Oswaldo. Why Bolsonaro Failed. *In*: Bourne, Richard (Ed.). *Brazil after Bolsonaro: the comeback of Lula da Silva*. New York: Routledge, 2023.

Andrade, Mário de. *Macunaíma: o herói sem nenhum caráter*. San Pedro: Ed. Universidad de Costa Rica, 1996. v. 6.

Anistia é afronta irresponsável à Constituição. *O Globo*, 3 set. 2025. Disponível em: https://oglobo.globo.com/opiniao/editorial/coluna/2025/09/anistia-e-afronta-irresponsavel-a-constituicao.ghtml. Acesso em: 6 out. 2025.

Arendt, Hannah. *On Lying and Politics*. New York: Harper & Row, 1971.

Avritzer, Leonardo. *A moralidade da democracia*. São Paulo: Perspectiva; Ed. UFMG: 1996.

Avritzer, Leonardo. Sociedade civil e Estado no Brasil: da autonomia à interdependência política. *Opinião Pública*, v. 18, n. 2, p. 383-398, nov. 2012.

Avritzer, Leonardo. *O pêndulo da democracia no Brasil*. São Paulo: Todavia, 2019.

Avritzer, Leonardo. *Política e antipolítica: a crise do governo Bolsonaro*. São Paulo: Todavia, 2020.

Avritzer, Leonardo; Filgueiras, Fernando. *Corrupção e sistema político no Brasil.* Rio de Janeiro: Civilização Brasileira, 2011.

Avritzer, Leonardo; Rennó, Lúcio. The Pandemic and the Crisis of Democracy in Brazil. *Journal of Politics in Latin America*, v. 13, n. 3, p. 442-457, 2021.

Avritzer, Leonardo; Zanandrez, Priscila. *Entre o passado e o futuro: a disputa em torno da participação*. Brasília: ENAP, 2024.

Biroli, Flávia. *Gênero e desigualdades*. São Paulo: Boitempo, 2017.

Bolsonaro, um cadáver insepulto. *O Estado de S. Paulo*, 13 set. 2025. Disponível em: https://www.estadao.com.br/opiniao/bolsonaro-um-cadaver-insepulto/?srsltid=AfmBOoo7ydxLlu-98DfJQRWXrFYZLannnj7A2ovZDj5VVF5KoXV6-HPPw. Acesso em: 6 out. 2025.

Bolsonaro tem direito à livre expressão. *Folha de S.Paulo*, 5 ago. 2025. Disponível em: https://www1.folha.uol.com.br/opiniao/2025/08/bolsonaro-tem-direito-a-livre-expressao.shtml. Acesso em: 6 out. 2025.

Candido, Antonio. *Literatura e sociedade*. São Paulo: Todavia, 2023.

Cármen Lúcia explica pedido para antecipar diplomação de Lula: "Não se formaliza golpe". *Carta Capital*, 26 mar. 2025. Disponível em: https://www.cartacapital.com.br/justica/carmen-lucia-explica-pedido-para-antecipar-diplomacao-de-lula-nao-se-formaliza-golpe/. Acesso em: 5 out. 2025.

Costa, Emília Viotti da. *Da senzala à colônia*. São Paulo: Ed. Unesp, 1997.

Couto, Claudio Gonçalves. O espólio do bolsonarismo. *Carta Capital*, 21 ago. 2025. Disponível em: https://www.cartacapital.com.br/opiniao/o-espolio-do-bolsonarismo/.

Dahl, Robert. *Democracy and Its Critics.* New Haven: Yale University Press, 1991.

Dreifuss, René A. *1964: A conquista do Estado*. Petrópolis: Vozes, 1981.

Dreifuss, René A. *O jogo da direita na Nova República*. Petrópolis: Vozes, 1989.

Dulci, Otavio. *A UDN e o anti-populismo no Brasil.* Belo Horizonte: UFMG; PROED, 1986.

Feldman, Luiz. Organizar a desordem: Raízes do Brasil em 1936. *Revista Dados*, v. 58, n. 4, out./dez. 2015.

Feldman, Luiz. *Mar e sertão: ensaio sobre o espaço no pensamento brasileiro*. Rio de Janeiro: Topbooks, 2023.

Fernandes, Florestan. *A integração do negro na sociedade brasileira.* São Paulo: Ática, 2008.

Franco, Maria Sylvia de Carvalho. *Homens livres na ordem escravocrata.* São Paulo: Ática, 1969.

Freyre, Gilberto. *Casa-grande e senzala: a formação do patriarcado brasileiro*. Rio de Janeiro: Global, 2006.

Garcia, Gustavo; Hanna, Wellington. Nove dias após Bolsonaro atacar urnas em fala a embaixadores, Lira diz confiar no sistema eleitoral. *g1*, 27 jul. 2022. Disponível em: https://g1.globo.com/politica/eleicoes/2022/noticia/2022/07/27/nove-dias-apos-bolsonaro-atacar-urnas-em-reuniao-com-embaixadores-lira-diz-confiar-no-sistema-eleitoral.ghtml. Acesso em: 5 out. 2025.

Guimón, Pablo. Impeachment revela as fraturas que a invasão do Capitólio provocou no Partido Republicano. *El País*, 13 jan. 2021. Disponível em: https://brasil.elpais.com/internacional/2021-01-13/impeachment-revela-as-fraturas-que-a-invasao-do-capitolio-provocou-no-partido-republicano.html. Acesso em: 6 out. 2025.

Holanda, Sérgio Buarque de. *Raízes do Brasil.* São Paulo: Companhia das Letras, 2015.

Huntington, Samuel P. The Clash of Civilizations? *Foreign Affairs*, v. 72, n. 3, p. 22-49, Summer 1993.

Inglehart, Ronald. *Modernization and Post-Modernization.* Princeton: Princeton University Press, 1997.

Ingo, Madeleine. What to Know About the Emergency Law Trump Used to Impose Tariffs. *The New York Times*, 2 fev. 2025. Disponível em: https://www.nytimes.com/2025/02/02/us/politics/trump-tariffs-ieepa.html. Acesso em: 6 out. 2025.

Instituto da Democracia. *A cara da democracia no Brasil.* INCT-IDDC, 2018.

Instituto da Democracia. *A cara da democracia no Brasil.* INCT-IDDC, 2024.

Ionova, Ana. Bolsonaro's House Arrest Casts Shadow Over Brazil-U.S. Trade Talks. *The New York Times*, 5 ago. 2025. Disponível em: https://www.nytimes.com/2025/08/05/world/americas/brazil-bolsonaro-us-trade-talks.html. Acesso em: 6 out. 2025.

Kekes, John. *A Case for Conservatism*. Ithaca: Cornell University Press, 1998.

Lacerda, Marina B. Neoconservadorismo de periferia: articulação familista, punitiva e neoliberal na Câmara dos Deputados. 2018. 209 f. Tese (Doutorado em Ciência Política) – Instituto de Estudos Sociais e Políticos, Universidade Estadual do Rio de Janeiro, Rio de Janeiro, 2018.

Lapop. *O barômetro das Américas: Brasil, 2010.* [*S.l.*]:Vanderbilt University, 2010.

Levitsky, Steven; Ziblatt, Daniel. *Como as democracias morrem.* Rio de Janeiro: Zahar, 2018.

Mais militares assumiram cargos no Executivo no governo Bolsonaro. *Jota*, 10 jun. 2022. Disponível em: https://www.jota.info/jotinhas/mais-militares-assumiram-cargos-no-executivo--no-governo-bolsonaro. Acesso em: 6 out. 2025.

Manso, Bruno P. *A república das milícias*. São Paulo: Todavia, 2020.

Melo, Marcus; Pereira, Carlos. *Por que a democracia brasileira não morreu?* São Paulo: Companhia das Letras, 2024.

Ministro Alexandre de Moraes suspende nomeação de Alexandre Ramagem para o comando da PF. *STF*, 29 abr. 2020. Disponível em: https://portal.stf.jus.br/noticias/verNoticiaDetalhe.asp?idConteudo=442298&ori=1. Acesso em: 6 out. 2025.

Morre David Koch, bilionário que impulsionou o movimento conservador nos EUA. *O Globo*, 23 ago. 2019. Disponível em: https://oglobo.globo.com/mundo/morre-david-koch-bilionario-que-impulsionou-movimento-conservador-nos-eua-23897855. Acesso em: 6 out. 2025.

Nascimento, Abdias. *Abdias, intérprete do Brasil*. São Paulo: Todavia, 2025.

Nove em cada dez brasileiros não se arrependem do voto em 2022, diz pesquisa Datafolha. *Estadão*, 19 dez. 2023. Disponível em: https://noticias.uol.com.br/ultimas-noticias/agencia-estado/2023/12/19/nove-em-cada-dez-brasileiros-nao-se-arrependem-do-voto-em-2022-diz-pesquisa-datafolha.htm?cmpid=copiaecola. Acesso em: 3 out. 2025.

Nunes, Felipe; Traumann, Thomas. *Biografia do abismo: como a polarização divide famílias, desafia empresas e compromete o futuro do Brasil*. São Paulo: HarperCollins, 2024.

Olivieri-Godet, Rita. *Macunaíma: o prazer lúdico do texto*. Université Rennes 2, França, 2022.

Paxton, Robert. *A anatomia do fascismo*. São Paulo: Paz & Terra, 2008.

PGR, 2025 (Ministério Público Federal). ASSCRIM/PGR n.º 212310/2024. Relator: Ministro Alexandre de Moraes. Procuradoria-Geral da República: Brasília, DF, 2024. Disponível em: https://agenciabrasil.ebc.com.br/sites/default/files/atoms/files/finalpet12100-denancia-versaofinal_nucleo11.pdf. Acesso em: 4 out. 2025.

Pitkin, Hanna. *The Concept of Representation*. Berkeley: University of California Press, 1967.

Pompeu, Ana; Feitoza, Cézar; Marques, José. Moraes critica pressões externas e internas e diz que pacificação não virá com impunidade. *Folha de S.Paulo*, 2 set. 2025. Disponível em: https://www1.folha.uol.com.br/poder/2025/09/pacificacao-e-desejo-de-todos-nos-mas-nao-se-confunde-com-covardia-ou-impunidade-diz-moraes.shtml. Acesso em: 6 out. 2025.

Prazeres, Leandro. A dura carta de Trump a Lula sobre tarifa contra o Brasil: "Julgamento de Bolsonaro não deveria estar acontecendo. Parem imediatamente". *BBC Brasil*, 9 jul. 2025. Disponível em: https://www.bbc.com/portuguese/articles/c8xv9yygx9po. Acesso em: 6 out. 2025.

Ramos, Guerreiro. *Negro sou*. Rio de Janeiro: Zahar, 2023.

Recondo, Felipe. *O Tribunal: como o Supremo se uniu ante a ameaça autoritária*. São Paulo: Companhia das Letras, 2023.

ReVEJA Jair Bolsonaro: explosivo desde 1986. *Veja*, 22 jun. 2018. Disponível em: https://veja.abril.com.br/coluna/reveja/reveja-jair-bolsonaro-explosivo-desde-1986/. Acesso em: 3 out. 2025.

Ribeiro, Darcy. Liminar. *In*: Andrade, Mário de. *Macunaíma: o herói sem nenhum caráter*. São Paulo: Scipione, 1997.

Ribeiro, Santiago Nunes. Da nacionalidade da literatura brasileira. *In*: Coutinho, Afrânio. *Caminhos do pensamento crítico*. [*S.l.*]: Americana; Prolivro, 1974.

Rodrigues, Basília. Ministro da Defesa pede ao TSE para participar diretamente de grupo sobre transparência das urnas. *CNN*, 9 maio 2022. Disponível em: https://www.cnnbrasil.com.br/politica/ministro-da-defesa-pede-ao-tse-para-participar-diretamente-de-grupo-sobre-transparencia-das-urnas/. Acesso em: 5 out. 2025.

Rodrigues, Mateus; Gomes, Pedro Henrique; Barbiéri, Luiz Felipe. Bolsonaro reúne embaixadores para repetir sem provas suspeitas já esclarecidas sobre urnas. *G1*, 18 jul. 2022. Disponível em: https://g1.globo.com/politica/noticia/2022/07/18/bolsonaro-reune-embaixadores-para-repetir-sem-provas-suspeitas-ja-esclarecidas-sobre-urnas.ghtml. Acesso em: 5 out. 2025.

Runciman, David. *Como a democracia chega ao fim*. São Paulo: Todavia, 2018.

Sader, Eder. *Quando novos personagens entram em cena*. São Paulo: Brasiliense, 1989.

Santos, Wanderley G. *Razões da desordem*. Rio de Janeiro: Rocco, 1993.

Santos, Wanderley G. *Quem vai dar o golpe?* Brasília: Senado Federal, 2025.

Stan, Adele M. Insurrectionist in Chief: How Steve Bannon Led the Vanguard of the Capitol Riots. *The New Republic*, 10 mar. 2021. Disponível em: https://newrepublic.com/article/161574/steve-bannon-capitol-riots-insurrectionist-chief. Acesso em: 6 out. 2025.

Stepan, Alfred. Democratic Opposition and Democratization Theory. *Government and Opposition*, v. 32, n. 4, p. 657-678, Oct. 1997. Disponível em: https://onlinelibrary.wiley.com/doi/epdf/10.1111/j.1477-7053.1997.tb00452.x. Acesso em: 5 out. 2025.

Tavares, Vitor; Schreiber, Mariana. "Lavou nossa alma", diz advogado de Bolsonaro após Fux pedir anulação de processo. *BBC*

Brasil, 10 set. 2025. Disponível em: https://www.bbc.com/portuguese/articles/c931llg240po. Acesso em: 6 out. 2025.

The White House. Fact Sheet: President Donald J. Trump Declares National Emergency to Increase our Competitive Edge, Protect our Sovereignty, and Strengthen our National and Economic Security. *The White House*, Apr. 2, 2025. Disponível em: https://www.whitehouse.gov/fact-sheets/2025/04/fact-sheet-president-donald-j-trump-declares-national-emergency-to-increase-our-competitive-edge-protect-our-sovereignty-and-strengthen-our-national-and-economic-security/. Acesso em: 6 out. 2025.

Vieira, Oscar Vilhena *et al.* Supremocracia e infralegalismo autoritário: o comportamento do Supremo Tribunal Federal durante o governo Bolsonaro. *Novos Estudos Cebrap*, v. 41, n. 3, set./dez. 2022.

FSC
MISTO
Papel
FSC® C092828

2023
CARBON
NEUTRAL
SAVE

Este livro foi composto com tipografia Adobe Garamond Pro
e impresso em papel Off-White 80 g/m² na Formato Artes Gráficas.